读客文化

牛津通识课：快乐的本质

［英］凯瑟琳·威尔逊　著

杨有栋　译　　陈越骅　校

东方出版中心

献给我的孩子伊娃和大卫

目　录

导 言

01

对于当代的读者来说，"伊壁鸠鲁主义"一词可能让他们联想到珍馐佳肴和所费不赀的挑剔精品。例如，近期报纸上的一篇文章讲述了一位雄心勃勃的开发商计划在巴黎时尚的玛黑区（Marais）建造"一个伊壁鸠鲁购物村……（在那儿）兜售来自时髦商店的高端创意美食"：

> "这里会有家肉店，"诺顿先生说，"那儿是家奶酪店，奶酪会被放入专门设计的抽屉展柜内以供拿取和介绍……"他指出，为有机面包店、生蚝餐厅、海鲜店、民族特色餐馆和街角老店美食圈等设计了其他的专营店……一个包括汤姆·迪克森和莫德·伯里在内的国际设计师团队正在给36家

店面设计样式……（诺顿先生）从未在不佩戴丝绸围巾和劳力士的情况下出现在公共场合。[1]

你可能由此认为伊壁鸠鲁主义要么是对日常事务微不足道的改进，要么是轻薄浮佻和浪费资源，哲学似乎没有涉足其中。

然而，在历史上的大部分时间里，伊壁鸠鲁主义这个词让人联想到的是截然不同的形象。不仅与时髦无关，甚至珍馐佳肴也很少与其联系在一起。但是，伊壁鸠鲁主义者常常被当成堕落、不贞的浪子，总是酗酒，如同在食槽里打滚的猪猡，同时又构成对公民社会的威胁。但丁就把伊壁鸠鲁主义者置于第六层地狱[1]。与其相反的另一种情况是，有些

---

1 按照但丁在《神曲》中对地狱的描写，地狱形似一个上宽下窄的漏斗，共分九层，每一层都有不同类型的罪人的灵魂按生前所犯的罪孽分别接受不同的严酷刑罚。第一层是林勃，他们是出生在基督之前，未能接受洗礼的古代异教徒，在地狱等候上帝的审判。其余八层分别羁押犯有贪色、饕餮、贪婪、愤怒、信奉邪教、强暴、欺诈和背叛等罪行的灵魂。伊壁鸠鲁主义者所处的第六层地狱专为信奉邪教和异端邪说者所设。（本书页下均为译者注。）

人把伊壁鸠鲁（图1）当作使人类摆脱被操纵、统治和剥削之处境的解放者。约翰·斯图亚特·密尔（John Stuart Mill）在其1863年的《功利主义》（*Utilitarianism*）中指出，人们长期把伊壁鸠鲁主义和自私卑鄙（swinishness）关联在一起，"现代持有该学说的人也时常会成为德国、法国和英国攻讦

图1 伊壁鸠鲁半身像

者揶揄的对象"[2]。密尔本人坚持把伊壁鸠鲁主义视为解放者的看法。他认为伊壁鸠鲁主义是社会改革唯一合理的哲学基础。

直至近代，伊壁鸠鲁主义的哲学意义和政治学意义才不再受到质疑。但伊壁鸠鲁主义过去为什么能造成如此剧烈的分歧并引发争议？它旨在回答哪些关于现实、知识和经验之本质的问题？以及哪些关于生活准则的问题？它又是怎样回答这些问题的？无关乎生蚝餐厅和丝绸围巾，它怎么可能过去是而且未来仍将是一种引人注目和富有魅力的哲学？

追求快乐（pleasure）对伊壁鸠鲁主义的思想体系当然是至关重要的。据说其创始人曾说过："除却味道、性爱、声音和优美的形体所带来的快乐，我不知道如何去想象善。"[3]这一陈述标志着伊壁鸠鲁主义与包括柏拉图学派、斯多葛学派和亚里士多德学派在内的古代哲学主流学派的大胆决裂，这些学派认为感官的快乐不同于真正的善并与之相冲突。快乐需要一个捍卫者，而伊壁鸠鲁勇敢且明智地树起了这面旗帜。

伊壁鸠鲁于公元前341年出生在爱琴海东部的萨摩

斯岛（Samos），他曾在小亚细亚学习哲学，还在几个希腊城市当过教师，最后于公元前307年移居雅典。直至去世，他一直是其位于雅典的学园的领导人。公元前270年，伊壁鸠鲁可能死于肾结石——医学界已知的最令人难受和痛苦的疾病之一，享年71岁。

古希腊哲学以学园或学派为组织，每个学园或学派由一名教师领导。每个学园有一个或多个地点，以便进行演讲和哲学讨论（图2）。苏格拉底在雅典的市集露天讲学，亚里士多德在吕克昂（Lyceum）学园的建筑里授课，而伊壁鸠鲁则在他的小房子里或私人花园中讲课。这是一个树木繁茂的地方（古希腊的花园并不是花团锦簇的），距离城市大约一公里远。

同古希腊其他思想体系一样，伊壁鸠鲁主义包含一整套关于自然及其现存生物（尤其是人类）的学说，包括经验和知识的理论，以及一种伦理和宗教的立场。伊壁鸠鲁主义没有宣称上帝或诸多神灵不存在，也没有表明对神圣事物的信仰只是一种妄想，但它是古代唯一断言世间万物的发生都来源于自然的运作，而且任何超自然的实体都不值得恐惧或盼望的思想体系。从这些关于宇宙构成的基本原理出发，伊壁

图2　古希腊各哲学学派大致位置示意图

鸠鲁主义提出了充满争议却饶有魅力的关于生活的准则和人们对待爱情、友谊、死亡和政治的态度及对策。

与西塞罗、维吉尔同时代的罗马诗人提图斯·卡鲁斯·卢克莱修（Titus Carus Lucretius）在生动地阐述伊壁鸠鲁的自然哲学的同时，还对伊壁鸠鲁的伦理观进行了改造和拓展。卢克莱修的《物性论》（*De Rerum Natura*，*On the Nature of Things*）成书于公元前1世纪中叶，其印刷版本在15世纪下半叶开始流通，对科学、人类学和道德理论产生了深远的影响。

虽然公元前4世纪的古希腊妇女开始享有更多的人身自由和经济权利，伊壁鸠鲁学派在当时看来却与众不同，因为其中有来自"海蒂拉"（hetairai）[1]阶层的妇女，以至于男女可以自由混居、一同进餐。"Hetairai"一词通常被带有偏见地译作"交际花"，这种译法突出她们通过出卖色相牟利的事实，而不是其成就、权力和地位。这些女性要么拒绝接受

1　"hetairai"一词源自古希腊语"ἑταίρα"，本义作"伴侣"解，后专指古希腊的高级妓女，可译作"交际花"。古希腊曾实现性交易合法化，而且将妓女按地位由低到高分为"卖春妇""自由妓"和"交际花"三等，交际花属最高级的妓女。

带有极端限制的传统婚姻，要么作为异邦人无法嫁给雅典公民。她们通常博览群书，精通艺术和哲学；在与朋友和恋人的关系中享有和男性同等的特权，这是一个重要的区别。尽管被认为不同于普通（和廉价）的妓女，但她们在经济上仍然依赖于男性资助者。第七章将说明，按照妇女的社会角色和社会地位将她们划分为三个阶层制造了人际关系的难题，这对哲学家们产生了深远的影响，也引发了他们极大的兴趣。

无论如何，伊壁鸠鲁具有情感丰富的人格，而他的私生活以及男女一起上课的安排也确实招致了不少非议。不过，据公元3世纪记录这些故事的古希腊哲学史学家第欧根尼·拉尔修（Diogenes Laertius）所说，伊壁鸠鲁因其"无与伦比的善良……他对父母的孝顺，对兄弟的仁悌，对仆人的温和"，还有（多少有点让人讶异）"对神灵的虔诚和……对祖国的热爱"[4]而受人尊崇。

伊壁鸠鲁虽是一位多产的作家，但他留给后继者的手稿寥寥无几。几个世纪以来，学者们所掌握的只是由第欧根尼收集的文本和记录，包括给希罗多德、毕陀克勒和墨诺修斯的信件以及所谓的"至高无上的《格言集》"（*Sovereign Maxims*）。但众所周知的是，他撰写了一系列关于爱情、音乐、神灵、命运、疾病和王权等主题的论文，以及37卷名为《论自然》（*On Nature*）的短篇集（纸莎草卷轴）。曾经被认为永远遗失的《论自然》在最近对赫库兰尼姆（Herculaneum）古城的发掘中被发现。赫库兰尼姆是古代伊壁鸠鲁主义的中心，在公元79年毁于维苏威火山爆发。那些严重烧损的卷轴中尚能展开的部分已经被尽可能地展开、复原和解密，这是一个非凡而艰苦的过程。所幸，卢克莱修了解《论自然》，其《物性论》也以伊壁鸠鲁的原著为基础。

我们的前人对伊壁鸠鲁的理解大多来自其罗马时期的批评者们，尤其是与卢克莱修同时代的西塞罗和道德学家卢修斯·迈斯特里乌斯·普鲁塔克（Lucius Mestrius Plutarch）。虽然西塞罗本人不是斯多葛主义者，但他的主要作品都有对伊壁鸠鲁学派观点的简短表述和对反伊壁鸠鲁主义的斯多葛学派观点的长篇论述。虽然这两派哲学一致认为没有痛苦干扰的宁静生活才是最好的，但对其他重要问题都持有不同意见。斯多葛学派主张一种智性设计的理论，相信神意对宇宙的监管。他们认为物质是被动的、没有活力的。而一种精神性实体遍及整个宇宙，它把宇宙组织起来，赋予生命以感觉和运动，还赋予人类以思想的力量。他们信奉决定论，主张接受命运；在道德正确和仅为权宜之计之间做出泾渭分明的区别。斯多葛学派认为有理智能力的人有责任参与政治，而且友爱关系可以一直扩展到大地上各个遥远角落。

　　这一套强势又威严的学说给伊壁鸠鲁主义构筑了一个强大的对手，在伊壁鸠鲁主义者用以反对斯多葛主义原则的意见和论证难以成立时尤为如此。如前所述，伊壁鸠鲁的文本大多在火山爆发中丢失，而卢克莱修的文本仅以几份副本留存到中世纪。基督教的图书管理员是否故意销毁了其诗作的手稿？毕竟像大多数中世纪的犹太教神学家和伊斯兰教神学家一样，早期的神父认为伊壁鸠鲁主义是危险和腐蚀人心的。然而，伊壁鸠鲁关于原子理论的学说在9世纪受到一众博雅的凯拉姆学[1]的穆斯林哲学家拥护并发展。

1　"Kalām"原意是话语或说话，这里指运用逻辑学和理性论证方法研究伊斯兰教基本信条的学科，也译为信仰学，音译为凯拉姆学。

他们的论述被犹太哲学家迈蒙尼德（Maimonides）提到过，后来成为包括托马斯·阿奎那（Thomas Aquinas）在内的西方哲学家的资料来源，而且有可能促成了本书第三章所讨论的"神学机械论"的自然图式的形成。

文艺复兴时期的手稿搜寻者们迫切地想找到古代的书稿遗物，包括喜剧、历史、诗歌和哲学作品。1417年，勇敢的博吉奥·布拉西奥利尼（Poggio Bracciolini）在一座修道院的图书馆里重新发现了一本尚存的《物性论》抄本（在此之前，他就在南欧四处搜寻有趣的资料）。在很长一段时间里，书稿一直在抄写者手中流传，但《物性论》是最早被印刷的书籍之一，其第一版出现在1473年。经过编辑、翻译和再版，它成为17世纪和18世纪的哲学家、诗人和自然学者手中最重要的文本之一。

本书不是对伊壁鸠鲁的著作做技术性研究。准确地说，它是对伊壁鸠鲁关于科学、道德和政治的思想与论述在过去几个世纪中如何被接受和改编，以及伊壁鸠鲁主义何以在现代生活中仍具重要性的考察。

原子世界

02

原子和虚空

"原子"（atom）是伊壁鸠鲁思想体系中构成实在的基本要素。在伊壁鸠鲁的《致希罗多德的信》（*Letter to Herodotus*）中，原子被描述为一种固体（a solid body），它有形状、大小和重量，但无色、无臭、无味，而且因为太小而无法被人看到。根据他的理论，不同形状的原子种类是有限的，但每种形状的原子的数量是无限的，它们在无限广阔的虚空中运动和聚集。原子和虚空才是真正的实在。太阳、月亮和星辰经由原子积聚的过程形成，地球上的海洋、山脉和平原的形成也是一样。

然而，我们的世界只是无数世界（或"宇宙"）中的一个。每一个世界或宇宙都有各自的星辰和地球，也许还有其他形式的人和动物，而不同的世界被"宇宙间"的虚空隔开。伊壁鸠鲁认为，由于原子的数量是无限的，它们不可能仅在单个世界里就被穷尽。他问道：当我们发现大自然中的大多数东西，如山川、乌鸦、河流和橡树，都以复数形式存在的时候，为什么我们的世界偏偏是独一无二的？

伊壁鸠鲁不是第一个原子论者。在伊壁鸠鲁出生前就已经辞世的希腊哲学家德谟克利特（Democritus）曾讨论过许多他的观点，而德谟克利特自己的老师——鲜为人知的莱西普斯（Leucippus），可能也提到过这些观点。更早一点的原子论传统似乎出现在印度哲学中。不过，只有伊壁鸠鲁在他的学说中确立了原子论的哲学传统，他的观点和推理比他的前辈更为清晰和完整。

伊壁鸠鲁是如何相信这种朴素的本体论的？它和我们当代对物理世界的理解又有什么关系？伊壁鸠鲁在《致希罗多德的信》中有如下表述：我们的感官可以很明显地感觉到实体和包围着实体的虚空。显然，无中不能生有。因此，任何事物（如一个存在于空间中的由坚固物体构成的世界）要存在，就必须有构成它的基本要素。我们日常体验到的物体，从一粒面包屑到一条山脉，都是可以被摧毁的。而如果你想摧毁任何诸如动物、石头或房子之类的自然物或人造物，只要把它砸碎、切块或敲扁，它就会消失。

这适用于山脉，也适用于房屋和动物。但是，如果宇宙中所有的事物无一例外都是可摧毁的，那么所有事物要么因其自身的内部运动，要么因其受周围事物的影响，要么出于两种原因的结合而迟早会被摧毁。如果没有绝对永存的实体，就不会有取代旧实体以形成新实体的材料。但事实是具有新性质的新物体层出不穷：植物破土而出；母鸡生蛋，蛋又可以变成小鸡。可见，一个新事物要出现，其坚不可摧的诸多部分必须在某一时点聚集起来。

我们观察到一系列物体的变化，看到、尝到、听到、闻到和感觉到由坚固物体构成的世界在每时每刻、日复一日、年复一年地发生着变化。但基本要素在解释世界的变化时必须保证其本身不可改变。它们必然是不可改变的，因为所有变化都源自事物组成部分的重新排列、删除或向其添加新的部分，而一个处在虚空中的单一且没有部分的实体无法发生变化。

按照这个逻辑，伊壁鸠鲁得出结论，一定存在"原子"［atom，其字面意思是"不能被切开的"（a-tomic）或"不可分割的"］。原子必须相当坚硬和微小，能够抵御所有的冲击和分裂它们的企图；必须具有可延展的尺寸，如果它们要成为构成世界的实体，组成部分就不能从其中分离；至关重要的是，原子之间还必须存在空隙，这样它们才能运动、聚集和分散。

伊壁鸠鲁学派考虑到原子存在四种基本的运动类型。第一，原子相对于世界而非其所处的无限空间"下坠"。第二，原子间的碰撞产生了反弹运动。第三，当原子被临近的原子撞到时，它们会在物体内部"振动"。第四，它们有时会"偏斜"（swerve），使得原子偏离基本的下坠路线。偏斜经常发生，足以引起许多原子的纠缠。其结果是形成了一个包含着物体的宇宙，这些物体具有一定的尺寸，因而可供体验，而不是一个在其中单个的难以察觉的原子像雨一样倾盆如注的宇宙。伊壁鸠鲁认为，只要通过提供一种自发的、不可预测的和不确定的行为模式，原子的偏斜就可以为自由意志提供基础。

　　不同于许多后来的原子论者，也不同于其宿敌斯多葛学派，伊壁鸠鲁不仅在物理领域，而且在人类活动领域，都拒绝决定论（determinism）。许多逻辑学家认为，如果一个涉及未来的选言命题（disjunction）（"或"命题），比如"明天要么有海战，要么没有海战"是正确的，那么显然，其中有一个选言肢（disjunct）必定是正确的，即海战注定要发生或注定被避免。

　　对斯多葛学派而言，这是一个可喜的结论。发生的一切都是为宇宙的善而制订的神圣计划的一部分，包括人类的选择和决定，以及一连串揭示天命的事件。伊壁鸠鲁对此予以否认，他主张未来是真正开放的，人类可以做出影响未来的选择。以选言命题"我明天要么去市场，要么不去市场"为例，它似乎不容否认。那么在这个例子中，我是不是注定要在明天去或不去市场？伊壁鸠鲁认为并非如此：到时候我能选择去或不去。一些现代逻辑学家也认为选言命题本身既非真也非假。

　　为了支持日常体验到的物体都是由看不见的物质性粒子组成的抽象论点，卢克莱修增加了大量观察。

他注意到风和水在运动时的力量，以及人们探测热和气味的能力。他声称这些能力取决于我们的感觉器官同某些物质之间的接触。晾在外面晒干的衣服会一滴滴地失去水分，戒指、雕像和道路也会在多年的摩擦和挤压中磨损。光可以穿透一些坚硬透明的物质，如羚角类薄片，但水不能，这表明光的原子一定比角的原子小，水的原子一定比角的原子大。手指间擦过的香草的余香一定是由看不见的粒子造成的。卢克莱修注意到，即使是最小的昆虫也一定有难以得见的内部构造。最后，他借尘埃在阳光下舞动的常见景象来说明，虽然这些尘埃不是原子，但它们的活动与原子类似，它们会飘浮、碰撞。

伊壁鸠鲁学派认为，原子本身不具有颜色。根据卢克莱修的说法，如果原子是有色的，那么合成物就会呈现出任意一种颜色或兼具所有颜色（有人认为可能都是土色的）。当原子聚集成固体和水或酒之类的实体时，正是它们的组合和位置产生了色彩。物体的颜色取决于它们被看见时所处的光线和位置。色彩的瑰丽多变让卢克莱修着迷，他用许多诗句描写色彩。他提醒我们，"想想阳光照射下像花环一样围绕在鸽子脖子上的羽毛呈现出的彩虹色"或者孔雀尾巴"如同被涂上红色石榴石般的釉"，又如同"混合了绿翡翠和蓝色天青石"[5]。平静的大海可能是蓝色的，也可能是灰色的，但是风可以在海面吹起白色的泡沫。通过分割一件东西，例如把一件织物撕成构成它的线丝时，观察颜色如何消失，我们可以认识到基本要素是无色的。根据该理论，温度、气味和声音也依赖于原子的排列和运动，而原子本身是没有温度、气味和声音的。

卢克莱修解释说，由于我们在视觉上无法识别原子，知觉便把一团活跃的原子转化成性质均匀的静止不动的物体。一群绵羊在山坡上吃草，它们的小羊在一旁跳跃嬉戏，从远处看，羊群就像一块静止不动的白色模糊物体；远处有一队拿着铜质盾牌的人逡巡游荡并集结在一起，他们看起来就像一个"在平原上静止的泛着明光的水塘"[6]。通过这样的比较，我们很容易理解仅有形状、大小和运动能力的原子是如何产生各种粗糙、光滑、甜或苦的物体，进而组成一个五彩缤纷、声音嘈杂、芳香四溢、美味遍布的世界。卢克莱修推测，固体一定有着紧密结合起来的原子团，而液体必然由光滑的圆形原子组成，这些原子可以相互滑动，如同一把能像水一样溢出来的罂粟种子。牛奶和蜂蜜等甜味实体必定由其他光滑的原子组成，而苦艾和其他苦涩的实体会撕开我们舌头上的小通道，产生一种令人不快的味道。

卢克莱修注意到，即使是同类或同种的个体也会表现出差异。每只雏鸟、每只羊羔，都和它的同类不同，否则其后代和母亲就再也不能相认。近距离的观察表明，一株玉米穗上的每一粒玉米都是不同的，就像海滩上的每个贝壳都不相同。然而，原子形状的数量并不是无限的，卢克莱修认为，如果是这样，新的声音、味道和颜色就会不断涌现，旋律会比之前听到的都要优美，味道会更鲜美，颜色也会更艳丽。因此，正如伊壁鸠鲁所认为的那样，原子类型的数量是有限的，但是每种类型原子的数量是无限的，所以才能"为一切事物提供充足的材料"。卢克莱修用字母作类比[7]，认为就像少量字母能够产生大量具有不同含义的单词一样，类型有限的原子也可以生成大自然广泛的多样性。

伊壁鸠鲁的本体论明显地排除了某些实体和关

系。根据原子论者的观点，既不存在无形的灵魂，也不存在无躯体的神灵，魔法——这种被理解为不需要身体接触就能控制物和人的力量——是不可能存在的。这似乎暗示着远距离作用的效应，如传染病，实际上涉及肉眼看不见的病毒原子的流动。此外，正如伊壁鸠鲁主义对色彩的分析所指出的那样，我们的语言所指称的物体和性质只存在于习俗之中，也就是说，存在于人的需要、能力、行动和决定之中。颜色和气味取决于我们的感知器官和环境条件，反映出人们对与他人交流的有关环境信息的了解和需求。

由此推断，我们或许可以说诸如床之类的物体（也包括奴隶、女儿和雪花等）"存在"（exist），仅仅是因为我们的生命形式（form of life）构造和运用这些范畴来指称某些"坚实物体"，并使根据感知到的范畴间的从属关系做出决策变得必要或有益。在蠕虫的世界里，"床"不存在，"女儿"不存在，颜色为"猩红"的性质也不存在——因为蠕虫没有色觉。因此，相对于观察者而言，所有的性质、关系和范畴都是流动和可变的。也许有一天，"奴隶"一词会只具有历史意义。在人类生活中不大可能发生这样的事，即某人现在或曾经是或不是别人的"女儿"变得不再重要。一旦它真的发生了，"女儿"这个术语就会失效，该概念也就不再具有完全的可理解性。

怀疑和否定

在许多人看来，原子论和无限多世界的论点非常不合情理。前苏格拉底时期的哲学家巴门尼德（Parmenides）反对虚空的存在，因为"不存在的东西"（what was not）显然不可能"存在"（be）[1]。至于原子本身，从来没有人见过这样的事物，为什么会有人相信它们的存在呢？当然，如果把一截粉笔或一块奶酪割开，得到的结果只是粉笔和奶酪的一小部分。在实践中即使切割到某个临界点之后我们再也看

1　这里可以直译为"过去不是的东西显然不可能是"，因为古希腊语的系动词"是"后面没有接谓语时具有"存在"的意思（英语系动词非常罕见地也有这个用法）。"Void"我们翻译成"虚空"，它与原子相对，原子在虚空中运动。如果说原子构成了一切存在的东西，那么虚空就是其反面"不存在"。

不到还有什么，又或者能找到足够薄且锋利的刀片继续切割时，为什么从理论上讲切割的过程不能永远继续下去呢？是什么使得原子不可分割？

亚里士多德认为伊壁鸠鲁的前辈德谟克利特提出的原子理论值得尊重，但最终误入了歧途。亚里士多德站在比巴门尼德更偏向物理学而非语言学的立场，推测在没有阻力的虚空里，一个运动物体的速度是无限的。因此，他认为宇宙中一定充满了物质（其中大部分是肉眼看不见的），所有运动的物体都必然取代其他物体的位置，就像游泳的鱼取代周围水的位置一样。而且怎么可能存在具有广延性的物体其本身却是不可分割的呢？各种性质，如奶酪的气味、味道和粉笔的白色，怎么能从无中产生，即从没有气味、无味和无色的物质性实体中产生呢？

其他批评者，包括学园派怀疑论者西塞罗，就奚落过原子的"偏斜"运动。继柏拉图主义和斯多葛学派之后，基督教作家认为可见世界的秩序和美丽不可能产生于伊壁鸠鲁所描述的原子运动。世界上可供取用的植物和可供食用的动物、理智的人类以及在天空中按特定路径运行的天体，无疑都出自于一个智慧、仁慈且博爱的、照顾其创造物的神的工作。所有主要的哲学流派以及神学家，都认为这种"自上而下"的秩序与和谐是由一个支配性的智慧实体强加的，这个智慧实体要么高于世界，要么渗透于世界。西塞罗在《论神性》[8]（*On the Nature of the Gods*）中提出了后一种观点，他雄辩地描述了一种"支配性要素"，它具有比人更高的感觉和理性形式，"为诸神和人"创造了世界，而且继续"支配着世界"。

在大多数古代和中世纪的哲学家看来，伊壁鸠鲁学派关于世界多重性及其持续存在的创造和毁灭的理论荒诞不经。亚里士多德认为我们的地球显然是唯一且永恒的，它位于宇宙的正中心。几百年后，中世纪基督教神学才允许有其他可能的世界存在的理论出现。但是其他同时出现的现实世界（尤其是拥有人类的世界）的存在，似乎会把由创世说、亚当堕落、基督拯救世界的使命和基督复临组成的基督教，戏剧性地变成一系列发生在多世界宇宙的某个小角落里的奇异事件，这就引发了诸多令人担忧的疑问，关于上帝是否对地球居民的想法和行为感兴趣等。

古代原子论的复兴

但是，随着卢克莱修诗歌的再版，以及第欧根尼·拉尔修对伊壁鸠鲁及其学说的记述在16世纪中叶的出版和传播，原子论（atomism）开始受到欢迎，尽管这中间有神学家和哲学家对其提出批评。

哥白尼的日心说体系在16世纪末和17世纪初获得了追随者，它使得世界多重性的命题从一个基于原子无限性的假设成为一个显而易见的推论。根据哥白尼的理论，我们的太阳实际上是一颗恒星。那么，为什么并不是每颗恒星都能成为其他存在生命体的世界的太阳呢？1600年，多米尼加修士兼哲学家乔尔丹诺·布鲁诺（Giordano Bruno）在罗马被烧死在火刑柱上，理由是他传播了诸多异端邪说，其中就包括这一条。到1644年，勒内·笛卡儿（René Descartes）在其《哲学原理》（*Principles of Philosophy*）中捍卫了多重世界理论中的一个版本，而科幻小说和民间哲学则对此津津乐道。

伊壁鸠鲁主义受到欢迎的另一个重要因素是关于通过加热、混合和蒸馏实现物质转化的炼金术文献的发展。炼金术致力于寻找延长寿命、减轻疼痛和治疗疾病的新药，生产染料、香水和人造宝石，还尝试实现物质嬗变（transmutation）（至少是将常金属变成贵金属的转换）。而原子理论可以解释由混合和加热物质产生的性质和能量的剧烈变化，远优于那种认为每个不同的实体各有其不可再分的性质的观点。

此外，原子论提供了一个充满希望的观点。如果实体的特征取决于其最小粒子的排列，而且"机械"操作能够产生新的能量和特性，那么人类的实验人员就应该能够找到方法，使物质发生重要的、有利可图的转变。如果试错和准确记录结果就能够建立起正确的程序，那么实际地看到和操纵原子就不必要了。

与此同时，17世纪初开始使用显微镜的一些实验者表明，他们或许实际上能够看到构成金、铅、水和其他实体的微小粒子，以及那些他们认为有关未知过程（似乎涉及磁力和传染病等远距离的作用）的微小粒子。

在"粒子论的""机械论的"或简单的"新"哲学（区别于有关质料、形式和诸多本质属性的"旧"亚里士多德理论）的名义下，17世纪所谓的科学革命（Scientific Revolution）中的每一位主要人物几乎都采纳了伊壁鸠鲁的原子论版本。他们一致同意，同一种物质的"坚固"粒子构成了不同种类的实体，如金、铅、牛奶和血液的基础。光被认为要么是在物质介质中的波状扰动，要么是从发光体中射出的物质性粒子流。

化学家罗伯特·波义耳（Robert Boyle）以一种卢克莱修式的风格，记录了天鹅绒一类的毛绒织物在多种视角下的外观变化和与化学物质混合可能产生的显著变化。在波义耳之后，约翰·洛克[9]（John Locke）区分了他认为独立于人的感知的物质的"第一"性质（如大小、形状、运动、重量和坚实性）和只有在观察者在场时才存在的"第二"性质（如颜色、气味、味道和声音）。实体的"力量"，比如太阳使亚麻褪色或使蜡熔化的能力，则被归为"第三"性质，人们通过由它引起的物体第二性质的变化来发现这些力量的存在。

早期现代哲学家的基本共识与古代原子论存在分歧和差异。一方面，有关原子、空间和运动的本体论对许多怀疑者来说似乎太过局限。如弗朗西斯·培根（Francis Bacon）认为，原子是真实而重要的，但它们并不是宇宙中唯一活跃的实体，例如"精神"（Spirits），人们通常将其概念化为空灵的流体或活跃的气息，它们渗透于物体。他还解释了包括动植物的生长和营养在内的诸多特性。对其他哲学家来说，还存在"可塑的本性"，即塑造动植物形体的成形能力。牛顿的万有引力和弗朗西斯·格里森（Francis Glisson）的生物应激性似乎是解释天上地下所有现象的必要条件。

物质的内聚性带来了一个问题：为什么宇宙不是充斥着细碎的原子粉末？卢克莱修提出，像染料粒子和羊毛之间的联结或胶水和木板之间的联结是被创造的，原子的聚集也是被类似某种"钩子和钩眼的作用结合起来的"[10]。批评家们指出，钩子和钩眼也必须紧密联结才行。关于以某些原子的尖锐形状解释在舌头上的酸味，或以另一些形似鳗鱼的原子解释水的流动性的假设，最终看起来有些异想天开了。

此外，伊壁鸠鲁原始形式的原子论与亚伯拉罕宗教——犹太教和基督教对上帝无所不能、无处不在的理解相冲突。怎么会存在坚硬到上帝都不能把它分开的原子？为什么会有一个地方（虚空）是上帝不在场的，而且他在那里什么也没有创造？如果上帝是唯一无限的实体，那么宇宙和原子的数量怎么可能是无限的呢？如果原子是自发运动且偶然聚集在一起的，那么我们怎么能理解宇宙是由上帝统治和管理的呢？

一些神学家赞成的一种解决神圣监管问题的办法是假定原子是一个纯粹被动的实体，它没有动机和其他能力，可以被上帝而非任何世俗的力量分割。根据这种观点，没有任何事物真正运动过。相反，上帝在每一个瞬间都以新的布局重新创造由粒子构成的宇宙，从而产生在日常事物中存在因果效应和运动的错觉。

另一种解决办法是把上帝理论化为自然法则（the Laws of Nature，或译"自然规律"）的制定者。早期现代科学最伟大的概念创新之一就是对运动定律——描述物体坠落、碰撞和反弹的数学规律——的发现。要使无生命的物体以合乎规律和可用数学描述的方式运动，似乎必须存在一种至高无上的神圣智慧来确切地决定它们如何运动，且以一种不可抗拒的方式命令它们。因此，人们认为上帝在创世之初就已经确立了自然法则，这样，所有后续的事件和过程，除却那些取决于人类自由意志的，都将遵循上帝所预见和赞同的法则。笛卡儿就采纳了这种观点。法国哲学家、物理学家皮埃尔·伽桑狄（Pierre Gassendi）从17世纪20年代到1655年他去世为止，不厌其烦地宣传、阐述和捍卫伊壁鸠鲁的原子论，而且认为它可以与基督教教义兼容。他们的著作，连同数学家兼物理学家的伽利略·伽利雷（Galileo Galilei）和克里斯蒂安·惠更斯（Christiaan Huygens）的作品，对1660年成立的英国皇家学会的哲学家们，包括波义耳、牛顿和洛克，产生了深远的影响。

在17世纪末乃至整个18世纪，人们普遍接受了一种"神学机械论"（theomechanical）的自然影像，即自然是服从于神所施加的自然法则的粒子的集合。惯性定律，即物体在不受外力影响的情况下不会改变它们的运动状态，是一个重要而富有成果的假设，与此同时，它也给上帝创造和维护宇宙留下了大量工作。但是，物质本质上被动或具有惰性的观念不是原始的伊壁鸠鲁主义的组成部分。原始的伊壁鸠鲁主义强调原子的自发活动、原子多种组合的可能性，以及在不受任何神意指导的情况下由原子的聚集和相互作用产生的奇妙结构和特性。原子本性被动的论题是一种方法，通过这种方法，粒子论（corpuscularian theory）可以适应基督教的要求，即要求自然完全屈从于上帝，而且由永恒不变、确凿不移的法则所支配。

在科学革命期间，原子理论的复兴即使在最受追捧的时期也承受着极大的压力。显微镜并没有实现真正能够看到单个原子和理解它们的结构如何与实体的性质和能量相关的希望。显微镜没能显示出极其微小的粒子，却显示出昆虫身体和植物成分的错综复杂和规律性。结果表明，寻常不过的半透明的池塘水中充满了细小而活跃的"微小动物"。

这些观察启发了像戈特弗里德·威廉·莱布尼茨（Gottfried Wilhelm Leibniz）这样的哲学家，他在17世纪80年代和90年代写道，自然界中的复杂性"一路下降"，然而惰性的坚固粒子是虚构的。莱布尼茨的兴趣涉及物理学、形而上学、显微镜学、自然史和逻辑学，他同意原子主义者的观点，即宇宙从根本上由不可分割的单一实体组成，这些实体坚不可摧又充满活力。但是，他对广延的原子不可分割和不可摧毁的观念表示怀疑。他认为宇宙的终极成分必定是非广延的，因而是坚不可摧的，类似于心灵的实体——它们也是原子，但又有所不同。

牛顿的研究给原子论提出了新的问题。与物体表面的粒子与光相互作用形成颜色的理论相悖，牛顿指出颜色已经包含在一束白光中，这使得粒子论关于色彩的理论陷入混乱。牛顿采纳了伊壁鸠鲁学派的虚空概念，但他认为虚空中遍布多种力的作用，如重力、电磁力以及某些短程的引力和斥力，这些力代替了"钩子和钩眼"，解释了物质的内聚性和坚实性。他接着推测，也许宇宙中坚实物质的数量仅能够填满一个果壳，而在一个几近虚空的宇宙中发挥作用的力产生了坚实、耐久的物质的现象。

18世纪的哲学家痴迷于物体的非物质化，而且认为物质和精神可能不是对立的概念。就在原子和虚空的理论架构似乎已经失效的时候，随着化学变成一门精确的科学，原子又出人意料地回到我们的视野。现在，化学处理的是具有独特重量的"元素"的比例，这些"元素"永远不可能被人类加工成其

他元素，但它们可以结合在一起。在约翰·道尔顿
（John Dalton）1830年的教科书中，原子被表示为圆
球（图3）。

图3　道尔顿的原子元素列表，包括氮、石灰、苏
　　　打、钾等的原子

现代科学中的原子

当代的物理科学保留了一些伊壁鸠鲁主义的自然图式的内容，但是坚实的、不可见的、形状各异的粒子通过像投掷钩子一样的投射作用彼此纠缠在一起，从而形成宏观物体的观念已经永远消失了。现代化学中的原子（金原子、氧原子或元素周期表上其他元素的原子）都能以固定的比例与其他元素的原子结合。但没有伊壁鸠鲁所说的不可分割性和坚不可摧性。因此，炼金术士所希望的人工控制元素的嬗变成为可能，尽管很困难，某些嬗变在自然界中是通过放射性衰变的过程发生的。

化学原子本身由亚原子粒子组成，亚原子粒子有许多类型和亚型，包括夸克、电子和中子。量子力学告诉我们，亚原子粒子不是具有固定大小和位置的坚固实体。相反，所有的亚原子粒子都表现出波的特征。与伊壁鸠鲁的理论进一步不同的是，亚原子粒子的位置和速度在某些情况下可以确定甚至测量，但根据海森堡测不准原理（Heisenberg's uncertainty principle），粒子的位置和速度不能同时确定。

伊壁鸠鲁学派的一个核心论点是所有的变化都意味着对不断变化的实体中的较小组成部分的重新排列，因此从这个观点来看，一种基本粒子转化为另一种基本粒子不可能发生。由于亚原子粒子可以变成其他粒子，伊壁鸠鲁主义者不会认为它们是真正的基本实体，或者说，真正的基本实体必须是构成它们的基础。有一种观点——量子场论（quantum field theory）——认为场（fields）才是基本的实体。单个的电子是电子场的激发，单个的夸克是夸克场的激发，其方式在某种程度上类似于海浪是海面的激发。这一非凡的想法有助于解释伊壁鸠鲁学派（还包括19世纪实际上接受了物质的原子论的自然哲学家和物理学家）认为无法解释且不得不视之为理所当然的世界的特征。为什么原子有其特定的形状和大小？为什么存在如此多属于完全相同种类的原子？

总之，现代早期对伊壁鸠鲁主义传统的重新发现对17世纪的科学革命做出了重大贡献。物理科学保留了这样一种观念：在感知阈值以下，现实不包含与日常体验的物体具有相同性质和特征的实体。正是这种基本实在的要素与我们的感觉器官之间的相互作用，生成了一个看得见、摸得着的世界。自17世纪中叶以来，物理学家、心理学家和哲学家一直在试图理解这一基础性的实在到底是什么，以及经验世界如何从与物质性大脑（它同样是自然的一部分）的互动中产生，但没有取得完全成功。

知识和理解

03

战胜恐惧

古希腊哲学家通过对自然界的观察，给出事物演变的科学理解，他们常常将其与神话、民间迷信和民间宗教中他们认为是错误地归诸神灵作用的想法进行对比。

心理学家告诉我们，人类本能地倾向于将无法用常识解释的现象，尤其是那些与他们切身利益有关的现象，归因于不可见的行为主体的有意行为。由此自然而然地形成多神论（polytheism）。饥荒、瘟疫、地震、洪水、雷暴、火山和其他不可预测、扰乱日常生活的突发事件，都被视作众神对人类恶行的愤怒及其可怕的惩罚力量的标志。对古希腊和古罗马来说，宙斯或朱比特的愤懑可能表现为雷电，海神的恼怒可能表现为海上风暴，困扰个人生活的性欲与阿佛洛狄忒有关，而丰收则须得到谷类女神的许可。西格蒙德·弗洛伊德（Sigmund Freud）在《圣经》中找到证据证明耶和华最初是一位愤怒的火山神。在许多神学中，不仅灾难和恩惠，而且一切重要的甚至不重要的事情的发生，都被认为与恶魔、天使或神灵的作用有关。基督教《圣经》中的上帝据记载曾让麻雀掉落。

即使是那些不能容忍诸如神圣愤怒和应许等神人同形幻想的哲学家，也很难不诉诸神灵的作用，尤其在面对与天象有关的问题的时候。太阳有规律升落，它在不同的季节出现在黄道十二宫的不同位置，恒星的缓慢运动和月亮的盈亏，与在地球上观察到的任何运动形式都不一样，以至于似乎有超自然的力量在起作用。

甚至是在哲学上非常重视自然动力的亚里士多德，也援引神灵来解释天象和气象。对亚里士多德来说，运动的终极原因是所谓的"第一推动者"。行星、太阳和月球的圆周运动取决于一组与之外接的坚固却透明的空心球，空心球由理智的次级推动者推动，从而带动这些天体环绕地球运动。天体的运动转而引起季节变化、冷热交替和雨旱更迭，进而又引发万物的生长、成熟和繁殖。

伊壁鸠鲁和卢克莱修都同意一个现代读者可能会觉得奇怪的观点，即天体运动的规律性和偶然的反常会让人感到恐惧，这种恐惧源于人们认为天体彰显了神灵的力量而且能发布警示和预兆。对现代人来说，一次美丽的日落、一轮巨大的满月，甚至一场日食都不大可能会引起恐惧。我们需要耗费一些力气才能把自己带回天空会引发深切不安的时代。不过，人们对彗星（其路径与诸星交叉）的恐惧一直持续到18世纪，而且在某些地区一直存在。据1997年《纽约时报》发表的一篇文章称："人们坚信彗星是宇宙的使者，对即将来临的厄运发出警示，这种信念深深植根在集体心理中，甚至它就镌刻在英语这门语言之中。'灾难'（disaster）一词就来自拉丁语'dis-astra'，意思是'星位不正'。"[11]

人们往往会担心当前环境的突出特点。我们虽不畏惧天体，也不会把它们的力量与动辄让千万人殒命的可怕地震、海啸和飓风联系起来，但许多人仍然生活在对化学物质、污染物和某些食品的持续恐惧中，反映出同我们祖先一样，为对隐形事物的恐惧所困扰。恐惧促使人警惕和谨慎，这在许多情况下是有道理的，的确，我们应该对正在发生的因为破坏大气层而伤害人类的诸多灾害力量感到恐惧。然而，恐惧也可能反映出一种错误的信念，即某些习惯和行为可以确保我们的安全。

对上苍施与惩罚和奖赏的预期可能是人类心灵的固有安排，用以保持对是非对错的警醒。为了使我们这种相互依存却又狡诈的生物生活在一起，相信一个看不见的、无所不知的法官会见证和审判我们的疏忽失察，以及诡计多端、追逐私利的阴谋和伎俩，是有益的。此外，我们对任何灾难的第一反应通常都是"谁该为此负责"？当没有人能为此负责时，人们很自然地会设想出一个愤怒的、具有惩罚能力的超人的行为主体。当诸神反复无常、暴躁易怒（因为他们发怒通常出于鸡毛蒜皮的事由或根本没有理由）时，人们的焦虑就会加剧，就会不断地用献祭和仪式来安抚他们。而当灾祸终止时，人们就认为这些活动是成功的。

伊壁鸠鲁学派认为减轻痛苦，尤其是由恐惧和焦虑产生的痛苦，是哲学对生活最重要的贡献。如果所有现象，甚至是那些不同寻常的现象，都是源自原子的排列、运动和作用，我们就不可能对神灵的力量感到惊讶，也就没有必要安抚他们或试图平息他们的愤怒。人类仍然需要应对暴风雨、饥荒和瘟疫带来的诸多苦难，但他们将不再遭受面对惩罚的压抑的预期，也不会在没有犯罪的情况下徒劳地翻找先前的罪行。他们将不再为旨在防止新灾难的发生而使用的那种无用的仪式所奴役。

对自然的解释

因此，伊壁鸠鲁学派提出用物理学术语来解释所有的气象和天体现象，不仅要免于让诸神监管宇宙中的善恶，而且要如伊壁鸠鲁所说的，免于一切"繁重的工作"。伊壁鸠鲁强调，对"不明显"的事物的科学解释需要寻找来自经验的类比。真实的理解只会由"始终抓住现象，而且能够一起沉思与这个现象相似的事物"[12]的人获得。

在《致毕陀克勒的信》（*Letter to Pythocles*）中，伊壁鸠鲁给自己制定了以下任务：通过参考有关实体和微观实体的形状、排列和运动，类比日常经验，为云、雨、雷、闪电、旋风、地震、雪、彗星、冰、月环、日食、月光等现象提供合理的解释。例如，闪电可能来自云层摩擦产生的巨大火花；雪花可能是冷水通过云层中的"小孔"被挤压而形成的。卢克莱修解释说，磁性是由磁铁发射的粒子的冲击引起的，该粒子冲散了空气中的粒子，从而产生了具有吸力的真空。

该唯物主义解释方案值得注意的一个特点是卢克莱修以粒子为基础对常见疾病（包括脚肿、牙痛和发烧）进行解释。他相信"我们的地面和天空""包含了足够多的有害细菌让无穷无尽的疾病产生"[13]。他认为，世界上既存在着对某些动物的生命有益的元素，也存在着有毒的元素，"因为它们的性质不同，结构不同，构成它们的原子的形状也不同"[14]。某些有毒的树能杀死睡在树下的人，有些湖泊能让飞临的鸟儿从天上掉落，而来自矿井的烟雾会毒害矿工，这些都是由大地中寄宿的"无数的种子"造成的。

《物性论》第六卷以雅典的瘟疫为结尾，这场瘟疫由一种从埃及蔓延到希腊的致命毒瘴引起。常见疾病是由身体外部的微小物质性粒子进入体内而引起的，而不是由身体内部的体液紊乱或某种未知的有害影响引起的。这种观点一直流传，但直到19世纪才被欧洲医学界真正接受。

伊壁鸠鲁学派的解释方案面临着几个问题。有些解释是正确的，或者算得上是最好的解释，但是其他解释，特别是那些与气象现象有关的解释，只具有可能性。由于他们宣称原子本身永远处在感官感知的范围之外，引用他们的解释永远无法通过观察得到直接的证实，一如没有人能看到伊壁鸠鲁推测雪的成因时提到的云层中的小孔。

此外，各种不相兼容的解释可能都同样可信。伊壁鸠鲁方法论的一个特点是他从未打算提出对气象或天文现象的正确解释。他承认他只能提出与原子理论相一致的多种可能的解释。事实上，他经常在意的正是提供不止一种解释。月亮发光凭借的可能是它自己的光芒，也可能是反射光。他声称不确定太阳是每天都被点燃和淬灭，还是仅仅为地球所隐蔽，他把太阳和月亮的"转动"归因于空气的压力或其固有的原始的圆周运动。这些现象能够以各种各样的方式出现，人们一定不能过于痴迷"提供唯一解释的方法"，或者"毫无根据地拒绝"某种解释方法之外的其他方法，从而"渴望理解无法理解的东西"。[15]

17世纪的科学革命

可以肯定的是，在解释太阳和月亮的升落以及天体的自转时，伊壁鸠鲁从物理原因中推导出这些现象产生原因的尝试是极其简明扼要的。但看不见的微观过程何以产生如此剧烈的宏观过程？雷电和火山怎么会是原子运动的结果？更不用说月亮的盈亏了。尽管伊壁鸠鲁主义存在种种缺陷，但在科学革命时期，即使为减少恐惧、忧虑和负罪感而追求科学解释的动机开始变弱，伊壁鸠鲁主义解释一切的方案仍然对哲学家产生了强烈的吸引力。

不过，在新的背景下，科学解释的目标和前提却大相径庭。对17世纪早期科学研究的主要倡导者培根和笛卡儿来说，科学理解的目的是通过干预自然过程最终实现控制自然和减轻人的痛苦。培根提出"人的知识和人的力量合二为一"[16]。控制星辰或天气暂且不提，但如果所有实体的能量和性质都依赖于同一种物质的肉眼不可见的粒子的排列，那么，正如培根所说的，新的"形式"就可能通过机械过程施加在这些实体上。

想要真正成功地重新排列粒子，以创造黄金和新药、修复有缺陷的身体机能、与传染病做斗争，就必须坚持"正确"的，或至少可供预测和控制的解释。从对任何现象多种可能的解释中，必须挑选出那些能够成功应用的解释。

理解、掌握和改变自然的理想驱使着笛卡儿。他起初是一名勤奋的解剖学学者，希望在不谈灵魂的情况下理解身体机制如何支配动物的生命和行为，而且他得到了一种古代伊壁鸠鲁学派所没有的工具——17世纪开始投入使用的放大镜——的帮助。

尽管笛卡儿在理解感知和感情方面取得了重大进展，但他从未实现在医学科学中做出有益发现的目标。随着此目标的消退，他开始以提供令人满意的解释为目标，从物质和运动的方面来说明他有时间考虑的现象。这些现象不仅包括雪、冰雹和磁力，还包括感知、记忆、生育和繁殖。他的解释与伊壁鸠鲁在《致毕陀克勒的信》中所提供的解释大致相似。但伊壁鸠鲁认为若干可能的解释似乎都可以解释某种现象，我们却不能断然确定每种解释的真实性，笛卡儿在这里直接与伊壁鸠鲁的观点相冲突。

在缺乏确凿证据的情况下，所谓的"理论选择"（theory choice）问题已经为古人所熟知，它不仅表现在需要在道德哲学和生活方式之间做出选择，还表现在需要在相互矛盾的医学和天文学假说之间做出选择。几个对立的行星运动方案能在某种程度上"挽回颜面"，其中就包括阿里斯塔克（Aristarchus）闻名遐迩却被广为拒斥的"地球绕太阳旋转"的观点。

被当代人称为"时钟问题"（clock problem）的难题继而进入我们的视野。一个时钟或手表可能包含一种若干内部的机械装置的组合，这些机械装置（包括齿轮、弹簧和石英玻璃表面）可以产生一个相同的可见的宏观运动——指针在表盘上转动。我们可以打开手表检查其内部机械装置以确切了解其工作原理。

而"打开"人体，无论此人是死是活，都不能揭示其
生长或生育是如何发生的，甚至不能揭示哺乳动物的
体温如何产生。可能存在多种与"实验"哲学家的目
标相冲突的推测性解释。我们无法"打开"金或铅以
查明后者如何转变成前者。17世纪的显微镜未能揭示
金属和药物的原子结构、电和磁的微小粒子的存在以
及生物的隐藏机制。

失望随之而来。哲学家洛克哀叹道，我们永远
也不会知道，是什么样的粒子排列方式让金子呈现
为黄色或让大黄药通便。半个世纪后，大卫·休谟
（David Hume）也哀叹道，我们永远不会知道面包和
牛奶为什么不能给老虎提供营养。

毕竟，粒子论只是一种假说，需要针对与其对立
学派的理论进行辩护——亚里士多德包含纯粹质料和
决定性质的形式的本体论，或气、土、火、水的四元
素论，或盐、硫、汞的炼金术本体论。

此外，机械地用各部分对相邻部分的物理作用来
解释一切自然现象的学说也并非没有争议。撇开用唯
物主义的术语解释思想和经验的问题不谈，新一代的
实验哲学家对宇宙的关注似乎远多于运动着的粒子。

很少有人想到用纯粒子论的术语来解释电、磁、重力、光、发酵、化学反应和生命力。诸多的力和"有效成分"（active principles）需要得到确认，而希望在于人们能以合乎规律且可用数学描述的方式对它们加以研究。

而且不是所有哲学家都像伊壁鸠鲁那样渴望把神灵从繁重的工作中解放出来。实际上，包括艾萨克·牛顿在内的许多哲学家都在寻找论据和证据来证实基督教的上帝不断参与着维护自然界的活动。牛顿是第一个用精确的术语描述万有引力或宇宙中所有质量之间存在引力的人，而万有引力不适宜用粒子论解释的事实恰好给他提供了这样的论据。人们难以解释精神和身体如何相互影响，动物的本能从何而来，物种又是如何一代又一代地保持其不变的形态，而这些问题为早期现代哲学家提供了大量的机会去援引上帝的智慧、仁慈和力量。

不可见的世界

洛克和休谟在某些方面都错了。随着动物学和生理学的发展，人们已经可以通过参考老虎体内肉眼看不见的实体和过程以及分子的化学反应，来解释为什么老虎的新陈代谢适合肉食。人们还可以解释金块的延展性和光泽如何由其原子排列决定，大黄药的助泻特性又如何由它在肠道中的作用决定。

对古代伊壁鸠鲁学派而言，可见（"明显的"）和不可见（"不明显的"）之间的界限泾渭分明。人的眼睛分辨不出比尘埃还要小得多的东西，如原子的集合。但自17世纪以来，这个界限一直在不断变化。光学显微镜逐渐得到改进，到了20世纪，电子显微镜等新仪器和微小物体可视化的新技术出现了。人们理解自然的能力已然发展到一个古人做梦也想不到的程度。

即便如此，关于肉眼看不见的实体的假说及其证实的问题不单在科学哲学领域，而且在理论应用于实践方面仍然是核心问题。即使有良好的可视化技术和技巧，解释、推理和归纳依然不可或缺；即使有最好的仪器和实验、分析的方法，至少在目前看来，人们可能还是无法对某种现象的基本机制在两个或多个合理解释之间做出选择。

这种不确定性在目前的医学研究中很常见。动脉是怎样一个分子接一个分子地被斑块堵塞的？大脑又是如何形成阿尔茨海默病特有的缠结蛋白的？胆固醇的积累是由血液中胆固醇颗粒过多造成的，还是因为身体试图用黏性颗粒覆盖动脉壁来修复受损的动脉壁？肿瘤如何生长？伤口如何愈合？肝脏受伤后如何自行修复？偏头痛的病因又是什么？

我们认为肉眼看不见的微观事件和微观过程导致了这些现象，但仍然存在着许多相互矛盾的假设。大规模的物理过程，例如正在恒星内部发生的过程或数十亿年前宇宙形成时的过程，还存在诸多不确定性。

大多数科学家认为，关于自然界中的事件是如何发展的一直存在着一个事实，即对于每个真实的现象必然存在唯一正确的解释，并且如果科学实践能持续足够长的时间，我们就能逐步揭示它。然而，这种"实在论"（realism）不是唯一可能的立场。包括伊壁鸠鲁在内的一些人认为不明显的过程和事件不是知识的对象。对伊壁鸠鲁来说，我们只能对发生在我们眼前的事物有一定的认识，而感官知觉才是判断真理的标准。范·弗拉森（Van Fraassen）在近期也提出了类似观点，认为我们不应该相信那些关于不可见的实体、过程和事件的理论，尽管我们可能接受这些理论既"在经验上是充分的"，也对预测和控制有用。

伊壁鸠鲁断言感官是真理的终极标准，那么这一论断如何与他对不可见的原子、关于原子性质和运动的一般理论，以及基于它们的宇宙论的信奉相吻合？据我们所知，伊壁鸠鲁并没有讨论过这个问题，他是否也像亚里士多德那样努力反驳其对立哲学学派的观点，在已知的文献中尚未得到证实。想必他已认识到，尽管原子论哲学须以坚不可摧的构成单位的先验推理支撑，而且以从感官经验（特别是逐渐磨损的现象）中得出的理智推论为基础，它也只是对自然的一种一般性解释。

在第五章，我将更直接地探讨伊壁鸠鲁的感知理论以及他对知识和真理的看法。在此，我只想提醒大家注意他对类比和猜想在科学探究中的作用的强调，以及他对物理机制取代超自然力量的信奉。伊壁鸠鲁对知识的讨论有一个明显的悖论：当对某一现象的其他解释可能成立时，为什么我们要只忠于肉眼看不见的原子理论？如果我们记得原子论预测和解释了原子本身不能为感官所知，那么这个悖论（如果不能得到解决的话）就能够得以缓解。

生存、爱、死亡

04

何为生命

根据伊壁鸠鲁学派的观点，物质性的粒子构成了生物，它们与构成石头、水、星辰和其他此类实体或物体的粒子相同。

在某些方面，生物和非生物相似。无论是单个的生命体（如玫瑰丛、榆树或蝾螈），还是单个的非生命体（如巨石、雪花或湖泊），都是纠缠在一起的原子的集合。所有实体，连同遍布着海洋和山脉的整个世界，都随原子部分的形成逐渐出现，且随着时间的流逝全部消解成组成它们的原子。正如卢克莱修所说，除原子外，每个事物的持续时间和力量都有一个"固定的限度"（fixed limit），它们的存在也都有始有终。

但在其他方面，生物和非生物截然不同。有生命的个体似乎是从类似种子的微小实体成长起来的，而且经历我们称为"死亡"的过程，这些过程与非生命体在组成部分上的扩大或缩小有所不同。

生物在结构上比非生物复杂。生物从周围环境中的原子汲取营养，将其身形扩展到一定程度。当它们长到合适的大小就开始繁殖同类；在繁殖年龄之后的某个时点，它们开始死亡，或死于毒素和疾病，或死于意外事故，或死于日渐衰弱。在许多动物身上，一些特征甚至比营养、生长和繁殖更引人注目：对快乐和痛苦的敏感，内在的感受和感情，行动、思考和感知的能力，以及决策和有目的地行动的能力。

这不是说在生物和非生物之间有明确的界限。对古人来说，霉菌与铁锈没有明显的区别；从我们的角度来看，朊病毒和普通病毒也含混不清——它们都可以繁殖同类，还能利用宿主的资源来繁殖，但它们不像动植物那样具有生命周期。

伊壁鸠鲁在《致希罗多德的信》中明确指出灵魂是有形的，它和其他事物一样由看不见的粒子组成。他形容这些粒子非常细微，它们遍布整个身体，使之活跃、敏感并具有意识，但只有当它们被"限制"在身体的框架内才能实现上述功能。卢克莱修紧随其后提出，动物的生命依赖于"风和温热的种子"或在肉体死亡时会"离开血管和骨头"[17]的"精神"（spirit）。植物、昆虫、软体动物、爬行动物和其他看似有生命却冰冷不动的实体的生命力没有被讨论。因为爬行动物能呼吸和活动，所以它们可能至少拥有如气一般的维持生命所必需的"精神"；严格地说，植物要么没有生命（正如一些晚至18世纪的哲学家认为的那样），要么其汁液中一定具有维持生命所必需的"精神"粒子。

生命的终极起源

那么，生物是如何出现并栖息于最初没有生命的诸多宇宙中的呢？古伊壁鸠鲁学派不觉得生命的出现有多令人费解。对于原子如何结合成动植物的问题，他们没有给出任何特别的解释。显然，他们认为该问题不比其他引人注目的合成物，如太阳、月亮、星辰、瀑布或雪花的形成更成问题。

的确，古代哲学家普遍认为生命是从无生命的物质或其他物质中自发产生的。像苍蝇这样的昆虫似乎是在腐烂物质中得以繁殖的；寄生虫存在于动物身体的肌肉和器官中，似乎也是在那里产生的；老鼠和其他害虫就好像是凭空出现的，而卢克莱修认为暴风雨后出现的蠕虫来自泥浆。植物把泥土和水的粒子转化成叶、茎和枝，其物质又转化成动物和人的身体，而动物和人的身体又可能被野兽和如卢克莱修所说的"翅膀强壮"的鸟类吞噬。自然是一个整体：

> 我们都源自天上的种子，万物都由同一个父亲所生，从他那里，生命的给予者——大地母亲，得到滋润的清澈水滴……（她）孕育出富有光泽的庄稼、茂盛的树木和人类；她还诞下所有的野兽种类，为它们提供给养，使它们能够养活自己，过上愉快的生活，并繁殖同类。[18]

动植物的生命周期表明，构成生命的材料无处不在；即使面对源源不断的死亡，生命世界的更新也从不间断。

卢克莱修倾向于使用术语"事物的种子"（semina rerum）或"事物的起源"（primordia rerum），而不是"原子"（atomus）或"粒子"（corpusculum）。这表明，卢克莱修除了赞同伊壁鸠鲁的只有大小、形状和运动的"抽象"原子外，还提出了一种略有不同且更偏生机论的（仍旧是纯物质性的）理论，该理论认为肉眼看不见的生命种子散布在自然界，等待适宜的条件生长和发展。对赫库兰尼姆手稿的考察或许能够揭示出这是否也是伊壁鸠鲁的观点。无论如何，卢克莱修认为一个更年轻、更肥沃的地球可能在遥远的过去孕育了更为庞大的动物，而今天古老又有些许破旧的地球则只能孕育出小动物和昆虫。

卢克莱修认为，大地先是长出草和树苗，然后是鸟，再然后就好像在土中创造出了"子宫"并生出动物。最后，他指出"生物不可能从天上掉下来，陆地动物也不可能从咸水海湾里钻出来"[19]。他观察到，不是所有出生的动物都能养活自己和繁殖同类，它们可能没有留下后代就死去，只有那些具有正确的生理构造来生存、交配和繁衍出相似后代的动植物才能延续血统。

伊壁鸠鲁学派对处在不受控制的原子组合中的世界之起源及其现有生物存亡的讨论，与古代多神教传统和基督教的教义截然不同。

一位智慧的建筑师（他有能力将已完成的作品变成现实）设计并创造了宇宙，还决定了在地球上存活的动植物的数量和形式，这一观念在世界神话中以各种形式出现。

西欧人熟悉的是柏拉图哲学与一个古希伯来人叙述的混合版。就像柏拉图在其影响深远的《蒂迈欧篇》（Timaeus）中所阐述的那样，柏拉图哲学设定了一个创造尽可能完美世界的"工匠神"（demiurge）或建造者。在柏拉图的解释中，这位神祇最初使用了各个种类的形式、实体和普遍种三种理念，并创造了这些理念的影子（或摹本）。柏拉图认为普遍种的理念，比如马、人、橡树以及善、真和美的理念，在创造物质性世界的过程中只得到了不完全的体现。

《圣经·创世记》的解释始于上帝从虚无中创造

了天地，在六天之内，他又连续创造了植物、动物和一对原始的人类——亚当和夏娃，此二人据称是地球上所有人的祖先或"第一代父母"。《古兰经》中也有类似的叙述。他们相信世界和人类的创造反映了上帝的一个或多个特定的目的：或是"荣耀"，或是希望为人所知，或是为了给予爱，或是为了完成一些更为隐蔽的计划。

数以亿计的人觉得这些"自上而下"的创世解释比原子论者用下坠、偏斜和纠缠的粒子进行的"自下而上"的解释更为可信。在西方神学和流行哲学的著作中，人们发现这样一种反复出现的观点：自然的和谐——所有的动物都有身体、习性和活动范围——使它们能够觅得食物、与其他物种共存并延续其物种的事实，在没有神的远见和创造力的情况下无法实现。人类在动植物和矿物世界中发现了他们所需的材料，如食物、燃料、金属和药品，季节的循环使人类能够从事农业和畜牧业。这一事实表明世界是专门为我们而造的。西塞罗的著作《论神性》含有对这个观点雄辩有力、几乎不可反驳的论述，该观点被认为出自斯多葛学派的克律西波（Chrysippus）。

伊壁鸠鲁学派是该作品的攻击对象。随着伊壁鸠鲁主义的复兴和自然知识的增长，关于宇宙和地球生物起源的神话式的或人类中心主义的解释开始受到严重质疑。神创论没有被抛弃，虽然上帝设计、创造和维系宇宙的角色感被削弱了，但仍然允许他发挥些许作用。17世纪最杰出的哲学家们否定了六天创世和亚当、夏娃作为全人类祖先的论题，其中以笛卡儿尤为著名。

笛卡儿提出，上帝首先以物质整体的形式创造出宇宙，宇宙的各个部分可以做相对运动。然后，上帝又制定出永恒的运动定律，用以指导所有物质性实体（从恒星和行星到构成"有形世界"的粒子）的行动。自此上帝的活动就终止了。鉴于有足够长的时间，所有可能的形式都会出现，它们持续的时间或长或短，其中就包括我们世界的动植物。这些生命具有汲取营养、生长和繁殖的结构和系统。在创造了物质、运动和自然法则之后，上帝除了如人们所相信的那样把无形的灵魂植入人体，将不需要再做任何别的事情。

笛卡儿将他的解释描述成一种有用的虚构，他的批评者则将其视为幻想，而且是一种危险的幻想。但是很快，包括当时未知的动物化石在内的地质发现给《创世记》的叙述和诺亚方舟的故事施加了新的压力。人们越来越认识到，地球有几万年、几十万年甚至上亿年的历史，而且它还经历过巨大的动荡、气候变化和"革命"。一些动物物种，如狗、狐狸和狼，可能由共同祖先进化而来的观点占据了优势。虽然卢克莱修关于成年哺乳动物在大地中的子宫出生的描绘并不可信，但早在查尔斯·达尔文著书的一个世纪前，法国和英国的哲学家就提出其他物种可能都是由一小部分原始物种，甚至是单一的原始生命形式，通过某种转化过程而形成的。

但是，即使考虑到很长的时间跨度，伊壁鸠鲁的本体论在理解世界的美丽和复杂何以形成等方面还是显得相当薄弱。虽然休谟的代言人菲洛在《自然宗教对话录》（*Dialogues Concerning Natural Religion*）（这本饱受争议的著作在休谟去世后才得以发表）中承认"古老的伊壁鸠鲁假说"是"众所周知的，而且我也理所当然地认为是迄今为止被提出的最荒谬的体系"，但他想知道"这种假说是否连一丝微弱的可能性都没有"。休谟提出的轻微的修正是设定数量有限的粒子，而不是伊壁鸠鲁所说的无穷多的粒子。休谟观察到，"数量有限的粒子只会受到有限的位移的影响：在永恒的时间里，每一种可能的顺序或位置都必然被尝试过无数次"[20]。解释变异和选择何以产生新物种的问题留待达尔文去解决，但是最基本的思想，即时间、机会和环境的力量可以产生和改变生命形式，已经开始走上舞台了。

"自组装"何以可能

复杂生物体的组成部分同步工作以维持其生命，它们的逐步"自组装"（self-assembly）或"渐成论"（epigenesis）似乎一直让人难以理解，因为一个生物体要成熟并发挥功能，其所有的部分必然已经"在那里"了。昆虫和寄生虫的异种生成理论（equivocal generation）在现代科学革命早期受到了严重打击，因为那时的人们已经确认，繁衍后代需要雌虫、雌鸟、女人或其他雌性哺乳动物产卵。此后不久，人们还发现了精子，随之一种反伊壁鸠鲁的神学机械论观点很快出现，即上帝在创世之初将所有的世代都封装在一个微型容器中，每个微型容器都储存在其双亲或准双亲体内，它们位于雌性的卵子中，或位于雄性"精液的微小动物"中。在18世纪的最后25年，人们断然抛弃了该理论。

伊壁鸠鲁学派的两个基本思想有助于弥合从不存在到大千世界之间、从物质到生命之间的鸿沟，对思考"自组装"的问题也具有重要意义。一个是，某些偶然出现的形式能作为个体持续存在，因为它们具有稳定的特性。另一个是，某些形式的集合能作为物种随着时间的推移而持续存在，因为它们具备利于繁殖的特性，不具备这一特性的物种会消亡。

当我们认识到构成生物的粒子并非终究受到向下运动、碰撞、振动和不可预测的"偏斜"的限制，而且不是所有的复杂性都源于偶然的纠缠时，早期宇宙及生命起源问题就变得更容易处理了。

我们现在知道，在原子化学的层面上存在着引力和斥力。除了最轻的氢以外的化学元素都是在早期恒星的高温环境里形成的，而由碳、氢、氮、磷和氧组成的"有机"分子可以在星际空间中自发形成。存在于一切生命形式中的有机分子很可能是在大量的水、甲烷和氨气中产生的；而氨气在热、酸和电激发的条件下曾在原始海洋中出现过，但上述条件现在已经不存在了。有机分子还有可能起源于宇宙的其他地方，彗星或陨石把它们带到了这里。

如我们所知，在生命伊始，分子必须以相互支撑的模式结合在一起，还必须具备自我复制的能力。此外，自我复制的分子必须能够在不影响其自我复制能力的情况下发生轻微的变异。不是所有的组合都能持久，只有少数有机生物的分子组合恰好具备解剖学结构、生理机能和使其能够繁殖的行为。

卢克莱修指出，一些肢体和器官的组合，虽然可能偶然形成，但无法成活，它们要么不能一起正常工作，要么复合的产物无法繁殖。他认为"人马"（centaurs）——人和马杂交的产物，在任何历史时期乃至史前都不可能存在，因为人与马在解剖结构、激情、性成熟速率和习性上差异太大，不可能在杂交中成功繁殖。

在现代科学中，从蛋白质分子到单细胞生物的过渡仍然是个谜，甚至在今天也有人声称不相信生命是自然地产生的。我们该如何回应"猴子与打字机"（the monkeys-with-typewriters）的反对意见？该意见认为即使再过几十亿年，敲打字机的猴子也敲不出莎士比亚全集，同样，"盲目的"物理过程和化学过程也不可能生成一个如此气象万千、高度统一的世界。

对它的回答是：用这种方式来看待复杂形式的生成是错误的，因为复杂形式的生成可能源于对简单形式的保存结果的连续重复。与其追问一只猴子创作莎士比亚作品的可能性，不如首先去问一只猴子在打字机上敲出由四个或四个以上字母组成的英语单词的可能性有多大，比方说，十年不停地敲击？这种可能性相当大。

假设我们能够"保存"这只猴子敲出的每一个英语单词，且允许这只猴子在机器上反复敲打，然后将保存下来的单词重新组合成字符串，那么我们需要多久能得到一个有意义的英语句子呢？假设我们可以保存所有由既有单词组成的句子，那么我们需要多久才能看到一幕完整且可供保存的莎士比亚戏剧场景，或者一部完整且可供保存的莎士比亚戏剧呢？又或者一套《莎士比亚全集》呢？几十亿年应该足够了，特别是有更多的猴子来从事这项工作时。只要自然不消除简单形式，而是将其保存下来，那么这些简单形式就可以找到和其他形式相结合进而形成更复杂形式的方法。

你可能会反对说，在这个由混沌生成秩序的场景中存在着一个智者（而不是一只猴子）留心着单词、句子和戏剧片段，并把它们挑选出来。但智慧挑选者的存在并不是必要的。你只要想象一下，当保存的单词与其他单词随机组合时，那些与语法模板相匹配而不能形成句子的字符串会被删除；当句子随机组合时，那些与莎士比亚作品相匹配而不能构成莎士比亚戏剧组成部分的字符串也会被删除。

我们还没有诺姆·乔姆斯基（Noam Chomsky）设想的那种语法模板或算法来把一切有限的单词串区分为英语中的句子和非句子，但人们肯定能做到这一点。以此类比，一连串的有机分子、细胞、细胞团和生物体要与生存条件相"匹配"，而其中的一些可以"保存"下来成为更复杂的生物运行结构的组成部分。

把复杂的事物从只具雏形的简单事物零碎地组装

起来的可能性，在很大程度上可以回答这样的反对意见，即世界上的生命如此丰富、复杂和井然有序，不可能是非智慧的机械过程和偶然事件的结果。尽管我们没有对伊壁鸠鲁学派的推理做出明确说明，但他们可能已经掌握了这一思想。他们正确地推断出植物生命形式先于动物生命形式——因为动物需要植物才能生存，反之则不然——而人类是这个星球上的后来之宾。

他们猜测地球在更早的时候产生大型动物的能力比在他们所处的时代更为强大。不过，如果回溯25亿年前我们星球上生命的起源，这种观点显然是不正确的。但如果仅回溯几亿年前的侏罗纪时代，它就是对的：早期的气候条件有利于恐龙的出现，但后来的气候条件有利于巨大的昆虫、鸟类和哺乳动物，还包括其体积至今不为人知的蜻蜓、蛇、鸟类、熊和树懒。假使能够了解古代博物学家是否真的发现了这些怪物的骨头或痕迹并从中得出正确的结论，这会是件十分有趣的事情。

繁育和新生

比起从无生命的物质中产生生物，古代哲学家更困惑的是同类之间的生成。他们对鸟类、鱼类和哺乳动物产生其复制品的能力没有明确的解释。为什么孔雀只生孔雀而狐狸只生狐狸？为什么有且只有两类性别？为什么人类不能像植物一样通过简单的发芽或播撒可生长的种子来繁殖呢？

伊壁鸠鲁学派摒弃了亚里士多德的理论，即在生育中男性提供"形式"——更高级的本原，而女性只提供"质料"——较低级的本原。伊壁鸠鲁学派倾向于一种平均主义的渐成论解释。在性交过程中，男性和女性的精液混合在一起[21]；这些液体含有与祖先血统的性状和特征相一致的元素，并产生新的动物。

直到19世纪中期，先于完整微型有机体的神学机械论被断然抛弃了很久之后，达尔文等人重提了一个带有强烈伊壁鸠鲁主义色彩的理论——泛生论（pangenesis）。根据该理论，取自双亲身体的各部位且储藏在卵子和精子中的"粒子"，会随着胚胎的生长和发育混合在一起。今天，我们接受了"预先成形说"（preformation）的一种版本，其基础之一是认为"基因"中寄宿着信息或指向性，基础之二是认为遗传单位具有颗粒结构。与此同时，我们采纳了渐成论的观点，即生物体的构建始于一个卵子，这个卵子会分裂成细胞团，它们与其最终形成的生物体没有视觉上的相似性。

伊壁鸠鲁和卢克莱修都没有认识到性爱的必要性。直到20世纪，人们才认识到，在更复杂的生物体中，交配可以产生新的基因组合，这些基因组合同与亲本基本相同的克隆体相比具有生存优势。而同时需要三种或三种以上性别参与的生物体，效率低下的情况会超过重组的优势，两个亲本的组合是好的并不表明三个或四个就一定更好。

但是，卢克莱修的哲学诗对动物在其生命周期中表现出的两性之爱和情欲极为关注。他认为雌性（不仅包括女性，还包括雌性的鸟类和野兽）和雄性动物都有强烈的交配欲望，从而产生后代。他还探讨了动物母亲和其后代之间的紧密联系。在《物性论》（图4）的开头，他令人难忘地提到"维纳斯（Venus），你是生命的力量"；"你是人类和众

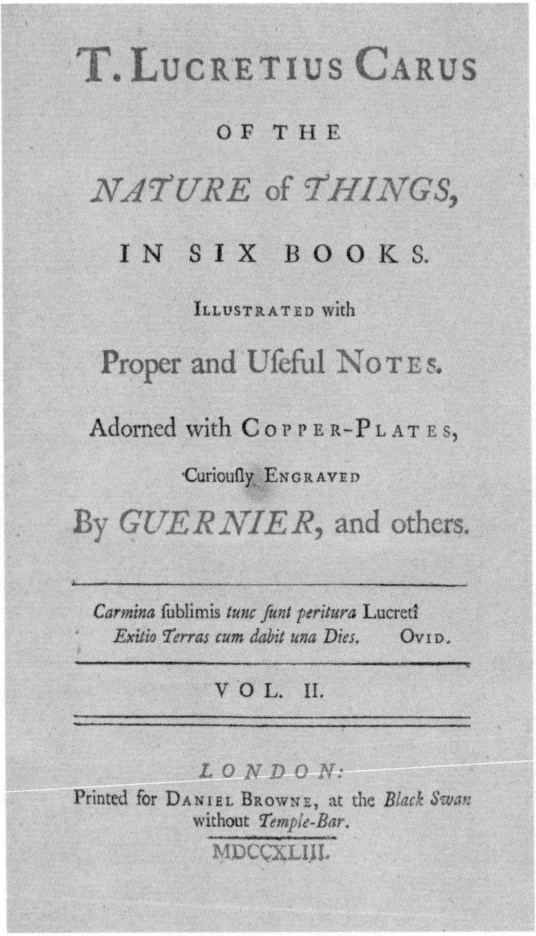

T. LUCRETIUS CARUS

OF THE

NATURE of THINGS,

IN SIX BOOKS.

ILLUSTRATED with

Proper and Useful NOTES.

Adorned with COPPER-PLATES,

Curiously ENGRAVED

By *GUERNIER*, and others.

Carmina sublimis tunc sunt peritura Lucreti
Exitio Terras cum dabit una Dies. OVID.

VOL. II.

LONDON:
Printed for DANIEL BROWNE, at the *Black Swan*
without *Temple-Bar.*
MDCCXLIII.

图4 "卢克莱修的崇高诗句直到地球的末日才会消亡。"
18世纪卢克莱修的插图版《物性论》的标题页。

神的喜悦";"富有创造力的大地为你长满芬芳的花朵";你把"诱人的爱注入每个生物的心田…… 同时将激情植入其中,促使它们繁衍同类"[22]。

卢克莱修似乎把情欲想象成一种力量,它能有效地抵抗导致破坏和死亡的毁灭性力量,这与目前已知的伊壁鸠鲁的文本相背离,而且融入了他作为一个诗人的个人因素。在这方面,他似乎遵循了古代哲学家恩培多克勒(Empedocles)的观点,恩培多克勒认为爱和恨是造成生成和毁灭的本原。就正统的伊壁鸠鲁本体论而言,它既不承认在大地上活动的女神,也不承认除了运动以外的活动原则,这些论题本身就不属于伊壁鸠鲁主义哲学。然而,动物的爱与欲望可以看作盲目的自然的偶然发明,它们具有稳定生命且使得各物种得以延续的作用。

卢克莱修认为,情欲冲动弥漫在大自然中,维系并更新着自然,使所有体验过它的人欢欣喜悦,无论如何,这与基督教将情欲当作人类堕落的可悲结果的理解背道而驰。根据《圣经》的说法,人类必死的命运和由之而来的对后代的需要源自亚当的原罪,就如圣保罗(St Paul)不情愿地总结道:"与其(被未满足的淫欲）燃烧，不如结婚。"[23]对早期教会的教父，尤其是奥古斯丁（Augustine）和特土良（Tertullian）来说，情欲是被魔鬼怂恿的邪恶冲动。在许多教会里，男人和女人的童贞仍然被视为最神圣的形态，还被赋予与上帝的特殊关系。虽然早期的一些基督教教派允许男女之间的亲密关系，但这种关系并没有被正式编入基督教的道德教义，至少在新教改革之前没有。

伊壁鸠鲁肯定男女之间的友谊的价值；卢克莱修肯定情爱的价值，将其视作在整个动物王国中发挥作用的自然力量，值得哲学家关注甚至尊重，其与古希腊和后来的基督教教义形成鲜明的对比。虽然17世纪末和18世纪初在性的道德和习俗上不复严苛的趋势很难直接追溯到伊壁鸠鲁主义的复兴，但它们肯定与教会权威和统治的崩溃（尽管不是永久性的）以及人们对基督教关于性的解释的抗拒有关。在法律案件的细节、日记和书信，以及爱情小说、诗歌和戏剧所呈现的内容中——始自拉法耶特夫人（Mme de Layfayette）的《克莱芙王妃》（*Princesse de Cleves*）和阿芙拉·贝恩（Aphra Behn，顺便提一句，她是卢克莱修的崇拜者）的著作——这种趋势都相当明显。

对伊壁鸠鲁学派的哲学家而言，生成与消亡是对称的过程。每一个可感知的实体（实际指除了原子之外的所有实体）都有一个固定的期限，该期限以构成实体的粒子扩散到宇宙流中为结束，在那里它们变成能够生成新的生命体和非生命体的材料。正如卢克莱修所说：

> 可见的物体不会遭到彻底的毁灭，因为自然对一件事物的更新得自另一件事物，而且除非以其他事物的死亡为补偿，她不允许任何事物的诞生……所以万物总是不断更新的，必死的生物通过相互交换得以生存。一些物种增加，就会有另一些物种减少；生物的世代在很短的时间内就会被替换，就像赛跑者一样，把生命的火炬从一只手传递到另一只手。[24]

死亡被描述为一种平静的睡眠，由精神的种子和灵魂原子的扩散引起："这就像一种葡萄酒，它的芳香已经蒸发，或者一种香水，它精致的香味已经消散在空气中。"[25]

伊壁鸠鲁的死亡哲学将在第八章讨论。但在第五章，我们首先来讨论唯物主义的心灵理论。

物质性的心灵

05

伊壁鸠鲁学派论灵魂

对伊壁鸠鲁学派来说，说明气象和天文现象而不提及诸神是其任务之一，说明生命的起源和生成的过程是其任务之二，用唯物主义的术语解释经验和思想是其任务之三。

如第四章所述，伊壁鸠鲁学派主张灵魂和其他一切事物一样，都是物质性的。它由非常小而轻、可移动且遍布动物整个生命体的原子组成。据说，伊壁鸠鲁认为有三种类型的灵魂粒子，分别对应热、气和风，它们相应地给身体提供温暖、运动和情感。至于第四种更轻的灵魂粒子，没有可命名的元素与之对应，它被认为控制着意识和思维的轻捷。在这方面，伊壁鸠鲁学派既背离了柏拉图主义的传统，即教导人们灵魂是不可分割的、无形体的，也背离了亚里士多德的传统，即把灵魂描述为附加在身体这类"质料"上的"形式"。对伊壁鸠鲁学派来说，唯一无形体的实体只有虚空。

有什么理由认为心灵（mind）在任何意义上都是"物质性的"，而非亚里士多德式的"形式"（一种对质料的补充）或独立的非物质的柏拉图式实体？卢克莱修断言，认为灵魂预先存在，等待身体长成后进入身体并使其充满活力的设想是荒谬的。特别是当人们想到"野兽的交配和出生"[26]时，尤其如此。心灵需要一个动物的身体[27]，就像树木不能生长在天空中，云彩不能生长在海洋中，血液不能生长在木材中一样，心灵也不能存在于人的身体之外。他观察到心灵伴随着身体成长。鹿的胆怯、狮子的凶残和人类的理性都与它们的身体形态相适应，而且不能见诸别的种类的身体。四种灵魂粒子以不同方式进行的混合可以进一步解释不同物种的秉性和能力。

心理活动也相应地被解释为"非常小的种子"的活动，"这些种子在血管、肌肉和肌腱中形成了一个链条"[28]。种子光滑圆润，只需要最轻微的触碰就能使之运动；它们可以像水一样流动，因此速度极快。这种认为灵魂和精神原子遍布人体，使之充满活力、变得敏感、能做出决定且随心所欲地运动的观念，在直觉上有着坚实的基础。当人"睡着"时，一只脚或一条胳膊会失去知觉，但当伴随着发麻的感觉醒来时，人们很容易联想到这是灵魂原子流回其中。在昏厥或头晕时，灵魂原子似乎从四肢中消失或变得不活跃，而某些药物和酒精似乎又能改变其兴奋或平静的状态。在许多方面，认为灵魂扩散且有形体的观念较另一种观念更具有吸引力，另一种观念即认为无形体的灵魂存在于大脑中，它在大脑中用一种心灵遥控的方式引导木偶一般的身体来运动，而且将身体的变化解读为感觉和知觉。

卢克莱修认定灵魂原子既不是单独存活的，也不是有意识的，它们不是微型的人。组成人的单个原子不能"在失声大笑时颤抖或哆嗦"或者"详细地论述混合物的结构"，也不能探究它们自己的本性。相反，我们可以"大笑而不需要由笑原子组成……也可以……不需要由智慧和雄辩的种子构成……就拥有理智并阐述哲学"。"我们所看到的被赋予感觉能力的事物是由完全没有感觉的种子组成的。"[29]但这些原子必须以特定的方式被"联结和组合"[30]，才能赋予动物意识、痛苦和快乐的感受以及感知能力。

感知、思考、做梦

视觉感知通常包括经验和了解与感知者保持一定距离的对象。伊壁鸠鲁和卢克莱修似乎觉得他们关于这一过程的原子分析，相较于对天文现象或生命繁衍的解释更站得住脚。他们所引用的不仅是可能的解释，而且是他们认为唯一正确的解释。该解释基于一种影像理论（idola），即具有形状和颜色的物体发出物质性的影像，这些影像非常之薄，薄得可以不被察觉地穿过虚空；同时，它们又足够牢固，能够避免消散。不同于某些当代唯物主义者，他们没有把感知、梦境和感受三者与大脑的状态等量齐观。他们关于所有物体向四面八方投射物质薄片的理论多少有些奇怪，但它在伊壁鸠鲁主义的体系中具有相当强的解释力。

在原子宇宙中，怎么能看到遥远的星辰？甚至观察到远处另一个人正在走近？伊壁鸠鲁解释说，尽管粒子"不断地从物体表面溢出"[31]，但它们补充得很快，以至于我们没有注意到它们在减少。嗅觉、听觉和视觉都是通过粒子的投射来完成的。回想一下，原子本身是无色的，但是从物体发射出的原子包含某种超薄的"轮廓"，它们"分有产生它们的物体的颜色和形状"，而且移动得很快，以至于能够"呈现出单一的连续的事物"[32]。卢克莱修指出"橘黄色的、赤褐色的和紫色的"[33]，遮阳篷和旗帜所投下的有色的阴影是由它们释放的原子组成的，就像其他物体释放出的气味、烟雾和热量一样，以此来补充伊壁鸠鲁的解释。

卢克莱修继续指出，"事物无数微小的影像从各个方面、在各个方向、以无数种方式漫游着"[34]，激发了我们的想象力。这些不固定的影像的混乱解释了梦的不连贯性：当我们睡着的时候，这些影像片段进入我们的身体，致使我们的思想混乱。在梦中，"我们幻想自己跨越天空和海洋、河流和山脉，还徒步穿越平原"[35]。我们还可以在影像组合时对现实世界中不存在的事物进行可视化。因此，我们梦到了从未出现过的"人马"；我们也能梦到去世的死者，即使当他们的肉体在地下腐烂时，其影像也无法散布在空气中（图5）。

图5　该圣餐杯描绘了睡梦之神修普诺斯和死亡之神塔纳托斯抬着萨耳珀冬的尸体

不同姿态的连续影像解释了梦中人物的活动，这些姿态因为模糊而变成了连续的运动。为什么我们没有不断地被不受意志控制的影像骚扰？为什么我们有时可以引导自己的视觉思维？卢克莱修解释说，就像我们只关注琳琅满目的商店中的部分商品，我们也只会关注视觉领域中的部分内容。

感知经验中的真理与谬误

伊壁鸠鲁的认识论把感官感知作为意义和真理的标准。他说我们需要理解我们的词汇所代表的含义[36]，方法是将这些词汇同其可感知的指称对象，而不仅仅是定义联系起来。名称是给那些具有某种特定外形或特征样貌的事物的[37]。因此，似乎只有我们能指认的东西才有名称，而无法为人指认的某种特定的外观或样貌的东西，则不能成为真实陈述的对象。"人马"和"神灵"就是这样。但是，这个标准似乎排除了许多抽象的实体，如数字和政府，它们没有外观或样貌，实际上是通过定义、实践和制度被理解的。伊壁鸠鲁似乎承认了这一点，他认为我们对各种实体的信念是通过类比、相似、组合和"一些来自推理的帮助"[38]而从感知中获得的。如第三章所述，原子的存在及其本身的性质必然得出这样一种推论。

伊壁鸠鲁和卢克莱修认识到，即使感知是真理的标准，由于影像片段的传输受到物质的干扰，我们也会产生某些视觉错误。方塔从远处看是圆形的[39]，因为影像在传输途中被磨损、毁坏和钝化。人可以通过挤压眼球来制造重影；从一端看，两排等高的圆柱给人一种逐渐变细为一点的感觉；乘船时人们会觉得自己是静止的，山丘和平原从我们身边掠过；凝视天空时我们也察觉不到太阳和月亮的运动。

卢克莱修否认这些常见的视觉现象会削弱我们对自己感官的信心。他说错误不在于感官，而在于"心灵的推理"[40]。这一论断使他陷入了左右为难的境地，因为他似乎把真理和谬误归结于判断，同时又坚持"我们对真理的认识最终源自感官"[41]，这一点无可辩驳。

在这里，卢克莱修追随着伊壁鸠鲁。他主张当同一感觉模式（modality）存在两种感知，比如两种视觉体验时，其中的一种无法纠正另一种。但当两种不同感觉模式（比如触觉和视觉）产生不同感知时，为什么一种感觉模式能统辖另一种呢？伊壁鸠鲁说，推理不能与感觉相矛盾[42]，那么什么样的推理能证实一座方塔在远处看是圆的？卢克莱修意识到他已经陷入了混乱，因为他承认幻觉存在，而且在某种程度上把幻觉看作心灵的错误，但他坚持认为"如果你不准备信任感官……生活本身会立刻崩溃"[43]。

关于什么是"真实"的问题的答案涉及先前看到的形状和有利的观察条件。伊壁鸠鲁解释说，尽管是感官而非理性在判定真实性，但在遇到有冲突和不确定性的情况下，例如一个人看到的是马还是牛或者一座塔是圆还是方时，一个人应该推迟判断，直到他近距离地观察该事物。当他坚持疯子的妄想和酣睡者的梦[44]是"真实的"时，他的意思是它们真的发生了。

伊壁鸠鲁主义和经验主义

伊壁鸠鲁关于经验和判断的理论在后来的哲学中仍留有回响，特别是在经验主义（empiricism）这一分支中。

我们只有通过综合事物的性质和感官观念

（sensory ideas）的能力，才能够构造事物本身的"观念"并用之进行理性思考，这个想法暗示了对这个世界的认识无法靠直觉和启示获得。此外，它还暗示着，心灵具有编造关于不存在事物的复杂观念的能力，而且很容易把人引入歧途。培根和洛克认为，除非与感知相关，否则语言中的术语将毫无意义；洛克只允许一个人将自己的感知和对感知的反思作为知识的来源；休谟认为所有的观念都来自先前的"印象"，这一论断为休谟对形而上学的毁灭性的批判提供了基础。

经验主义揭示了传统的哲学术语，特别是中世纪经院哲学术语的缺陷。批评者认为哲学论述引入了太多的术语，这些论述自称涉及真实确定的实体，实则模糊、含混又空洞。为了避免无谓的争论和无用的争吵，促使人类知识进步，有必要清除语言中一切不能归结为感性经验的术语。20世纪中期，在哲学家约翰·奥斯汀（John Austin）和路德维希·维特根斯坦（Ludwig Wittgenstein）的鼓励下，"日常语言哲学"再次试图从哲学中消除晦涩难懂的术语，并通过深入思考日常语言特征如何与实际经验产生关联，将哲学思维带回对现实的思考。

这些运动没有取得彻底的成功。18世纪末，康德和他的追随者认为，经验主义作为一种哲学，其局限性太大，无法解决人类的道德问题和政治问题。伊壁鸠鲁学派认为有意义的名称必须指称那些可被指认或有"外形"的实体，这一观点陆续受到一些哲学家的反对，他们认为现实不只包含这些事物。例如，数学实体及其属性在柏拉图主义者看来与桌子、椅子和颜色一样真实。今天所实践的自然科学和人文科学依赖于专业词汇，这些词汇包含了人无法指认的不可见的实体，如"人口压力"或"现行利率"。哲学中的特殊术语在很大程度上依赖于定义，甚至是有争议的或可修改的定义。伊壁鸠鲁允许通过比喻、类比、组合和最低限度的推理来扩展感知，在此情形下，这些术语可能被接受，也可能不被接受。

伊壁鸠鲁学派主张我们对物理世界的信念应该通过与经验——我们现在可能还会说证据和数据——对比检验来判断真假。这种观点在科学界仍然被广泛接受。伊壁鸠鲁基于感知的认识论的另一个核心特征是，他声称所有的表象都是真实的，因为感官不会自相矛盾，不同的感官之间也不会相互冲突，感官更不能被理性推翻。这一点仍然是有问题的。我们似乎确实能区分"真实的"感知和"幻觉"；在感知、幻觉和梦境之间，我们认为后两者具有欺骗性，或至少是向心灵呈现的不真实的情景。

但是，仔细分析就会发现，除了以伊壁鸠鲁的方式，即站在感知优先的立场，我们在区分真实的感知和虚幻的感知方面并没有坚实的基础。月亮在地平线上看起来比在我们头顶上时大，哪一种表象是错觉呢？仅仅因为我们在地平线上看到月亮的频率比在头顶上看到月亮的频率要低，就把正在升落的月亮的巨大尺寸描述成虚幻的表象？我们称"错觉"是一种使我们感到惊讶或错愕，或者不能通过触摸得到证实的感知，如缪勒–莱尔错觉[1]（the Müller-Lyer illusion，它包含两条等长的线，但在其末端带有向内或向外的箭头）所示的情形。另一种说法是，错觉是一种会导致无意义或有缺陷的计划的感知，比如决定扔掉一把完好的勺子，只是因为它在水里看起来是弯的。

1　缪勒–莱尔错觉指在一条水平线段两端加上向外的箭头，那么它看起来要比带有向内箭头的等长的线段长些。

不过，错觉所涉及的机制，与我们认为的向我们揭示世界本来面目的感知所涉及的机制并无不同。当涉及幻觉和梦境时，存在太多出人意料的事情，任何基于表象制订的计划实际上往往大错特错。然而，我们还有一个认同伊壁鸠鲁学派观点的基础，即表象不可能是虚假的，表象仅仅是其所是。

物质性的心灵和对它的批判

物质性的心灵的理论为一些现代早期的哲学家所接受，或在他们看来至少是可行的，这些哲学家折服于伊壁鸠鲁的观察和思考。托马斯·霍布斯（Thomas Hobbes）和皮埃尔·伽森狄（Pierre Gassendi）坚信心脏和大脑是思想和感觉的所在。洛克小心翼翼却影响深远地暗示上帝可能已经赋予"组织得当的"物质以意识和思想的力量，如在人类大脑中发现的那些成分。

众所周知，笛卡儿反对这个结论。尽管笛卡儿大体上接受了伊壁鸠鲁关于物理世界和科学解释之本质的理论，但他在《沉思集》（*Meditations*）中坚决否认灵魂像"风或火焰"一样弥漫于动物身体，从而直接抨击了伊壁鸠鲁的物质性的心灵的理论。他承认"动物精神"（animal spirits）确实流经神经和肌肉，而且它们都是物质性的，但它们的功能纯粹是机械性的；它们将神经冲动传递给大脑或使肌肉膨胀和收缩。在笛卡儿看来，灵魂在维持生命方面没有任何作用。除物质之外，神创的宇宙还包含了一系列人的心灵，这些心灵依附于活着的、机械的人体。

在构建一个新的视觉感知理论以适应这个新的人的概念时，笛卡儿轻蔑地否定了伊壁鸠鲁的"在空中飞舞的微小影像"[45]。笛卡儿主张心灵是一种无形体的、无广延的实体[1]，但能与物质性的身体发生作用，而不是物质性的影像与物质性的心灵发生作用。心灵与身体的相互作用发生在结构对称的大脑的正中心，也即松果体（pineal）的位置。笛卡儿认为松果

1　这里的原词是"substance"，笛卡儿《沉思集》中译本翻译为"实体"。前文出现过的"entity"在哲学中也常被翻译为"实体"，两者意思相近，在现代汉语中很难各取一个译词。好在这种处理大部分时候并不会误导和妨碍读者。特此说明。

体是人类特有的结构。当灵魂以这种方式与身体交流时，就能够进行体验、理解语言和发起动作，这一切是任何纯粹的物质性实体都做不到的。

笛卡儿认为，自然界的其余部分只是"有形体的实体"，它们是无意识、盲目和机械的。动物的身体只是对物理刺激做出反应的物质性机器。只有活人的身体才附着心灵，使之具有感觉、感情、感受、感知、想象、梦想、思想、信仰、记忆和"意志"或意愿行为。

为了摆脱灵魂原子和有色影像片段的理论，笛卡儿提出物理事件如何在无形实体中引起或产生经验的问题，至于哪种理论更可信还有待商榷：是存在空中飞舞的有色的影像片段，还是存在一种无形的心灵，当它被放置在机器中时会产生对有色物体有意识的经验。

伊壁鸠鲁的物质性的心灵可以完全渗透于物质。伊壁鸠鲁学派认为我们生活在飘忽不定的影像里，其中一些影像属于心灵之外的世界，另一些影像则被我们标记为记忆、期待和幻想，或回忆为梦境和幻觉。我们一直在与世界的诸多片段打交道，这些片段必然与之相似。

相比之下，笛卡儿模式引入了所谓的"感知之帷幕"（veil of perception）的问题。当有恰当的外界刺激和正常的大脑状态时，人的心灵会产生具有颜色、气味、声音、味道和质感的环境影像，而我们在看到、闻到、听到、尝到和感觉到的"外部"事物"中"体验到这些影像，也相信这些影像是由这些事物"造成"的。但是，如果世界是由伊壁鸠鲁式的粒子组成的，按照笛卡儿提出的模式，我们在何种意义上感知和了解"真实世界"呢？我们设想物理现实是经验的生产者，但我们被仿如帷幕的经验隔离在物理现实之外，我们不是只认识到我们自己的经验吗？

这个问题困扰着现代早期的形而上学家。圣公会主教乔治·贝克莱（George Berkeley）非常担心伊壁鸠鲁主义对哲学的侵蚀，他把帷幕问题变成了对"物质"存在本身的攻击，他认为"物质"是一个不连贯的概念；我们只能感知性质，包括颜色、形状、声音和质感；这些性质依赖于观察者，而且可以变化，因此只能存在于心灵中；物质据说存在于所有心灵之外且不可改变，因此不能被感知。

　　根据贝克莱的说法，所谓的"看到一颗成熟的樱桃"，就是注意到一个小而圆的红色物体，而且我们希望它尝起来是甜的。原子不可感知，因此是虚构的。在任何情况下，原子都不可能是有形状和大小却没有颜色的，因为任何有广延性的物体都必然有颜色。假定一辆没有色彩、没有声音的"物质性"的马车会产生关于有声有色的马车的经验，这是很荒谬的。贝克莱认为我们只能体验我们的经验，而不能体验心灵之外的世界；只有一位全能且仁慈的上帝持续地感知，才使得人类有序和连续的感知成为可能。为了取代原子和虚空，贝克莱提出只有诸多心灵、观念和一位非常主动且必要的上帝才是真实的。

　　贝克莱的解释指出了粒子论和笛卡儿对经验解释的主要缺点。他的解释设计精巧，但他的结论与常识相冲突，在后来的生活中，他转向一种更明智的观点，接受了不被感知的粒子的存在。康德也介入了这个难题，他认为贝克莱的唯心主义必然是错误的。正如唯物主义者理所当然认为的那样，我们必须假定我们自己受到一个独立于我们的心灵和上帝的心灵的外部世界的影响。

在康德看来，只要一个原子是一个仅仅可能被感知的对象，那么终极实在就不可能是原子构成的。那些最终形成我们感知经验的事物本身不可能是感知的对象。它们不可能有形状、大小和可供观察的运动。实际上，形成我们经验的"物自体"或"物自体们"，不能按照字面意思被说成是其"引发"（cause）了我们的经验，因为因果关系（causality）是一个可感知的事件和另一个可感知的事件之间的关系。卢克莱修认为单个原子因太小而无法被单独看到，它们集体地"模糊"成关于连续、均匀的实体的印象。但康德否认我们能通过与之建立因果关系而以一种模糊的方式感知物自体。

17、18世纪提出的唯物主义哲学的替代品是二元论（dualism）、泛心论（panpsychism）和不可知论（nescience）。他们各有其同时代的拥趸。

以笛卡儿为代表的二元论认为心灵是一个无形的物质，它与某个特定的人或动物的身体相连。有些（不是全部的）二元论者认为，心灵可以作用于肉体，也可以为肉体所作用，甚至可以在肉体死亡后继续存活。常常被归于斯宾诺莎的泛心论认为，在自然界中到处都有意识，它存在于鹅卵石、雨滴和原子中。该理论在现代有为数不多的一些捍卫者。

第三种替代品是洛克和康德的不可知论。他们认为我们永远无法解释感知和意识如何与外部世界相联系，因为我们的能力范畴只具备处理可感知的事物之间的因果关系。当代的"神秘主义者"（mysterians）是这一立场的继承者，他们相信我们永远不会有一个令人信服的意识理论，即心灵无法理解自身。

当代各种唯物主义者拒斥上述所有观点。

今天的唯物主义

尽管自笛卡儿开始研究经验与大脑的关系问题以来，人类对神经系统的研究已有数百年之久，但神经元、突触、离子和神经递质等物理和化学实体如何使我们看到世界，并使我们能够思考、计划、体验感情、进行行动和反应、研究数学和科学以及创造艺术作品，仍是一个谜。人们可能会问，在多大程度上，唯物主义（materialism）是一个热门的选择？当代唯物主义与伊壁鸠鲁对物质性的灵魂及其运作的解释有何不同？

上述三种唯物主义的替代理论都存在严重缺陷。在我们既有的任何因果关系的模型上都不能实现对无形的灵魂和有形的身体之间的因果关系的概念化，而且没有人知道一个在其原来的身体死亡时被释放出来的灵魂可以做什么或经历什么。泛心论已经被卢克莱修斥为荒谬了，它无法解释为什么一组单个原子的感知会结合成生物个体或个人的经验。康德的不可知论则像是对困难的夸大，也是对未来研究的威慑。哲学似乎只要运用其传统方法，即杜撰虚构的情节和在抽象的论证中绳愆纠谬，就不能在身心问题上取得任何进展；但哲学如果先验地宣布实证科学能取得这方面成果，又似乎过于托大。

在考虑心灵、大脑和世界是如何联系在一起的问题时，我们应该首先承认：因为具有形状、大小和重量的"坚实物质"的粒子已经不再在我们关于基本实体的物理学中发挥作用了，所以伊壁鸠鲁学派及其现代早期继承者所理解的唯物主义是过时的。

其次，当代的研究者不会接受遍布身体且使其变得敏感和活跃的"灵魂原子"。新唯物主义者忠实于伊壁鸠鲁主义的精神而非其文字，坚信神经元和其他实体的活动及组织结构对于意识是必要且充分的，而它们实际上存在于我们的大脑和身体或类似的人工实体中。

对新唯物主义者来说，被我们称为"有机生物体"的复合体归根到底是在进化过程中出现的。所有生物都以能保护其生命和繁殖能力的方式对环境做出反应。植物的根向有水分的地方延伸；细菌向有糖分或其他养分的地方聚集；许多大型动物会根据环境的指示和刺激精心开展日常活动，如觅食、狩猎、社交、交配、抚育后代和制订计划。

动物必须意识到自己身体的状况以及身体与外界事物的关系，才能够根据这些状况和关系的变化进行调节。意识不过是对"在这个世界中的自我"的呈现，而有意识的感受、感知和感情是驾驭身体四处活动的必要零件。迄今没有人能成功地解释神经元的组织结构和活动是如何产生意识的，但我们知道清醒的意识与大脑中特定的整体兴奋模式有关；做梦与其他模式有关；无梦的睡眠或麻醉引起的无意识又与另外的模式有关。上述及其他的相关性让我们强烈地怀疑，无形的灵魂对经验来说不是必需的，某种物理结构和过程就已经足够了。

反对意见认为神经元的组织结构和活动不足以形成意识，因为我们可以想象存在一种无意识的物质性机器，其行为与有意识的人的行为无法区分。根据设想，这种"僵尸"可以在没有意识的情况下操纵自己，还能依据其精巧的内部机制做出适当的反应。它甚至可能有一个和我们一样的大脑。这个思想实验似乎暗示了意识不是在进化过程中轻易出现的一个功能，它的出现由它对生物体的有用性（更不用说其必要性）来"解释"。更确切地讲，按照这种观点，意识只是附加在一个没有功能意义的物质性身体上的额外功能。

不过，僵尸思维实验并没有反驳新唯物主义的论点。它表明我们可以想象我们的大脑是无意识的，而不是意识实际上独立于大脑。同时我们知道，现实中的人类在无意识的情况下是无法游弋世间的。为使人类的大脑和身体能够在没有敏锐意识的情况下驾驭世界，需要对其进行修改，这是不可想象的。我们为什么要相信我们能制造出一个没有意识却能表现出人类所有行为的人造机器呢？我们怎么知道在制造复杂的机器时，没有创造出一个有意识的存在（尽管它是由不同的材料制成的）？

不过，意识所需要的物理成分属于分子层面还是我们的后伊壁鸠鲁的科学本体论所描述的亚原子层面，仍不得而知，随着神经科学的不断发展，我们可能会有一些惊喜的发现。

宗教和迷信

06

伊壁鸠鲁对民间宗教的批判

伊壁鸠鲁主义是古代西方哲学中唯一否认神灵活跃于世间且影响人类活动进程的学派。在欧洲基督教一神论（monotheism）的背景下，对伊壁鸠鲁主义的恢复和重建相应地变得异常艰难。随着对宗教批判的深入，伊壁鸠鲁主义的挑战也遭到人们尖锐的抵制。

有神论者通常认为神灵是天地的创造者，他们创造出天地，并按照计划将其保存下来。在古代宗教中，神灵控制着季节和天气，还引发雷雨和地震。他们操控人类的命运，在沉船事故中救起一部分人的同时也宣告其他人在劫难逃；他们偏袒一些人，又惩罚其他人；他们还用战争、饥荒和瘟疫责罚整个人类（图6）。信徒们相信，神灵决定了对与错；他们还通过确保恶人在今生或来世得到其应得的惩罚而好人得到奖赏来强制执行道德。神灵的权限和角色、他们在历史上的角色以及他们与人类交往的记录，记录在诸如《圣经》和《古兰经》这样的圣典之中。虔诚的信徒被要求通过仪式表演、祭祀、使用象征性的物品以及对神职人员的尊重来表达对神灵的敬畏和侍奉。

对伊壁鸠鲁学派来说，神灵既不创造也不评判，他们以幸福的状态居住在多宇宙间的空间，享受着原

图6　海王，罗马版的波塞冬——希腊的海洋、风暴和地震之神

子构成的不朽的身体，他们没有感知和影响任何一个世界的途径。神灵不曾设计我们的世界，不管理这个世界，没有参与监督、奖励或惩罚人类行为，也不能决定世界的终结。他们不推动天体运行。由于神灵不关心我们，也不与我们互动，宗教仪式不能以任何方式影响他们。

也许有人会问，伊壁鸠鲁究竟是一个否认神灵存在的无神论者，还是一个仅仅批判其所在时代的传统宗教活动和民间信仰的批评家？伊壁鸠鲁曾多次提及神灵的"福佑"，而第欧根尼·拉尔修向我们保证伊壁鸠鲁本人是虔诚的，他经常在圣殿里祈祷。西塞罗反伊壁鸠鲁的对话录《论神性》中提到，据伊壁鸠鲁的阐述者所说，伊壁鸠鲁认为神灵之所以存在，"是因为大自然本身将神灵的概念印在了人的心灵中"[46]。他认为这种信念是在心灵中自发产生的，不需要权威、习俗和法律使其世代相传。

因此，伊壁鸠鲁对宗教的态度多少有些神秘。而且遗憾的是，我们关于其宗教态度的大部分信息都来自他的批评者。那么，他的意思是不是对神灵的信仰虽然是错误的，却发乎自然，而且可以通过因果关系得到解释呢？他的意思是关于神灵的观念或思想，而不是神灵本身，对人产生了或好或坏的影响吗？还是如一些古代历史学家所认为的那样，他去神庙仅仅是为了避免针对其学派的责难和麻烦？又或者，伊壁鸠鲁是现今自称"有精神信仰但无宗教信仰"（spiritual but not religious）的人中的一员吗？无论如何，伊壁鸠鲁神学的重点是他对神灵的神圣力量、智慧和作用的无视。神灵可以被称为"有福的"，是因为他们没有忧虑、恐惧和烦恼，也因为我们渴望尽可能地过上和他们一样的生活。

如果伊壁鸠鲁相信感官经验是真理的标准，那么就很难理解伊壁鸠鲁如何做出有关神灵的论断，包括神灵在宇宙空间中的位置及其心灵的状态。当然，他也宣称还存在许多其他的世界，这些世界从我们这里无法得见，用别的方式也无法探知，但其他世界和我们的宇宙一样，而拥有坚不可摧的身体且居住在太空中的神灵则不同于其他任何生物。此外，伊壁鸠鲁还指出，所有被赋予了我们所知道的理性和目的的心灵都具身化在了人类身上[47]。这一切使得他援引神灵的话语显得有些言不由衷。

的确，根据其通过参考物质和环境的原因来解释一切的方案，伊壁鸠鲁很有兴趣解释为什么各地的人对这些看不见的实体形成了自己的信念。根据西塞罗在有关该主题的对话中所做的陈述，伊壁鸠鲁学派认为，对神灵的感知不是依靠感官而是依靠理智，是理智通过构成思想和梦境的"无数原子"所产生的影像。基于西塞罗文本中的一个有问题的介词，一些评论家似乎相信这些影像是从神灵那里流出的，就像普通的影像从坚实物体中散发出来一样，但这看起来不是伊壁鸠鲁的原意[48]。相反，该处文本表明：我们的思想是经由这些影像流向神灵的。

卢克莱修深化批判

卢克莱修在其诗作开头向维纳斯的虔诚祈祷，以及后来几次对女神满怀敬意的引用，都与他对宗教的严厉批判相悖。维纳斯代表的是一种观念而非超自然的存在，但罗马万神殿中的其他诸神则没有得到如此正面的评价。卢克莱修表明关于众神的民间观念基于梦境和幻象，他还谴责宗教对人类生活荼毒甚巨。卢克莱修宣称他的先驱是"第一个敢于抬起凡人的双眼挑战宗教的人"。他看到"人类的生命……耻辱地匍匐在尘土中，在迷信的重压下被碾碎"[49]。显然，卢克莱修接触到的伊壁鸠鲁学派的文献比我们所知道的更具批判性。

卢克莱修补充了对宗教信仰的心理学解释，他认为"凡人的心灵在醒着的时候会被有着无比美貌和惊人身材的神祇外形的幻象所拜访，在睡着的时候更是如此"[50]。因为这些形象似乎永远不会老，人们就认定它们是不朽的。此外，人们还观察到"天体有秩序地运行和一年四季有规律地轮回交替"[51]，这些现象无从解释，致使他们把相关责任归结于神灵，还在天上给众神安排了住所。风暴和地震让人畏葸不前，使人们害怕这是对他们所不知道的一些罪行的惩罚："啊，可怜的人类，竟然把这种事情归咎于诸神，还把残酷的愤怒归咎于诸神！他们给自己预备了什么样的悲哀，给我们造成了什么样的创伤，给后代留下了什么样的眼泪！"[52]

在危难时刻，向神灵求助是没有用的。卢克莱修在其诗作的最后几页中明确指出了这一点，这首诗与公元前430年雅典瘟疫的暴发有关。在其借用历史学家修昔底德（Thucydides）的转述中，这是一种极具破坏性、快速传播的传染病——可能是一种类似于今天的埃博拉病毒引起的出血热——卢克莱修还描述说，街上有成堆的未经埋葬的尸体，病人和垂死之人的亲属处于绝望中，神庙被废弃，在里面"对神灵或其神圣力量的崇拜都没有多大意义"[53]。

伊壁鸠鲁希望通过提供对宇宙和生命起源的科学解释，以及对信仰强大超自然人物的原因的说明，克服人类相信神灵参与人类生活的倾向。但卢克莱修意识到这是一场斗争，是一场宗教力量和真理之间的角力——前者试图把人们束缚在错误的教条和迷信的惩罚之下，而要抵抗宗教力量是相当困难的：

　　总有一天，因为你自己被（诗人和祭司的）可怕的宣言吓倒，你将会试图背叛我们。想想他们利用恐惧能创造出多少幻想故事，它们能打乱你精心设计的生活计划，把你所有的命运蒙上云雾。然而，利用理性（就会看到），人们如果意识到他们的苦难是有限度的，就会以某种方式鼓起力量去抗拒非理性的信仰和神话贩子们的恫吓。但事实上，因为他们恐惧死亡会带来无尽的惩罚，他们没有办法，也没有能力去抗拒。[54]

反思上帝

早期教会的神父零星地认可伊壁鸠鲁学派的部分教义，但如料想的那样，在大多数情况下，早期基督徒和罗马伊壁鸠鲁主义者之间存在激烈的冲突。

在罗马帝国覆灭期间（包括之前和之后），给耶稣门徒的来世应许和苦难补偿，赢得了无数皈依者的支持。基督教赋予痛苦和殉道以积极的价值，圣保罗（他曾在雅典给斯多葛学派和伊壁鸠鲁学派布道，试图让他们皈依基督教）同之后的圣奥古斯丁和教父拉克唐修（Lactantius），都痛斥了享乐和漠视神意，坚持人的罪恶和上帝的绝对权力。中世纪欧洲读写能力和文献的缺失或限制使得神职人员成为哲学和文化的保存者，而且如前所述，卢克莱修的文本和伊壁鸠鲁的大部分信件一起从人们的视野中消失了。

在16世纪温文尔雅的荷兰哲学家德西德里乌斯·伊拉斯谟（Desiderius Erasmus）的一些畅销书和托马斯·莫尔（Thomas More）的《乌托邦》（Utopia）中，出现了一股重要却又微弱的"基督教伊壁鸠鲁主义"（Christian Epicureanism）思潮。大约在同一时期，艺术家，尤其是北欧的艺术家，把注意力从神圣和历史的主题转向日常世界，他们描绘乐器、花卉、食品、纺织品和其他具有感官吸引力的对象。

伊壁鸠鲁学派对宗教的批判，以及伊壁鸠鲁学派关于宇宙自我形成和地球上的生命形式自发出现的论述，对17、18世纪的欧洲哲学产生了重大影响。

如前所见，当时人们下定决心尝试去阐明以下思想：一个拥有无限力量的造物主上帝，他对世界的责任在其创世的最初一瞬的行动后就已经穷尽了。根据笛卡儿的说法，在其时，物质与运动定律以及"永恒真理"或逻辑的、数学的定律就一同被创造了出来。宇宙的模式则依据自然法则来进化。笛卡儿对上帝进一步的行动几乎三缄其口，尽管他在口头上承认亚当和夏娃的故事，还意图证明灵魂不朽——这是一位有着一定伊壁鸠鲁主义学识的教皇利奥十世（Leo X）为哲学家设定的具有挑战性的任务。

巴鲁赫·斯宾诺莎（Baruch Spinoza）采取了一种更为激进的立场，他认为上帝不超越也不高于有形体的宇宙，就像心灵不超越也不高于身体一样。作为一种"有限的样式"，个体被自然的力量消磨，并遭到摧毁。尽管斯宾诺莎表明伊壁鸠鲁对其命题产生过影响，但他不是一个伊壁鸠鲁主义者，因为他否认物质粒子是完全真实和不可摧毁的——他坚持只有作为整体的宇宙才是永恒的。此外，他的决定论及其将感情当作不受欢迎的干扰因素的观念把他与斯多葛学派的传统联系了起来。

在其他现代早期的形而上学体系中，《创世记》中关于创世的描述被束之高阁，而代之以富有想象力的非伊壁鸠鲁主义的变体。在莱布尼茨看来，一个由类似灵魂的诸多实体组成的无限宇宙以一种可运行的组合形式从上帝的心灵中浮现出来。对贝克莱而言，它是一系列拥有意志和观念的被造心灵。除了霍布斯

（本书第八章对其有更详细的论述）和斯宾诺莎外，17世纪其他主要的哲学家都认为上帝是道德真理和物理实在的创造者。与此同时，他们也倾向于接受伊壁鸠鲁学派的前提假设，即上帝不干涉世界。他们宣称上帝不会暂停自然法则来制造奇迹，或者至少从《圣经》时代起就没有这样做过，而且所有根据力学法则发生的事情从一开始就为上帝所预见和认可。

伊曼努尔·康德（Immanuel Kant）在此问题上也如法炮制。康德在其早期著作——1755年的《一般自然史》（*Universal Natural History*）中向读者承认，他的观点与伊壁鸠鲁和卢克莱修的观点紧密相关。康德对宇宙的形成和我们行星（以及其他行星）上生物的形成提出了一种机械论的解释。据其所述，上帝是个别几个简单的自然法则的制定者，而这些法则足以创造出宇宙。宇宙像时钟一样运转，整个行星系统则以一种非常符合伊壁鸠鲁主义论述的方式出现和消失。

随着基督教奇迹启示的基础不再稳固以及对《圣经》权威的质疑倍增，伊壁鸠鲁式的替代解释显得越发可行，它们暗示了死亡的结局是最终的、明确的，以及伦理源自社会生活的需要。

这些思想在18世纪的哲学中得到进一步发展。法国启蒙运动时期，一种伊壁鸠鲁主义的无神论重新出现在霍尔巴赫（Holbach）的著作中，这种无神论基本上属于一种笛卡儿式的信仰，它相信自然法则的不可抗拒性。霍尔巴赫重复了伊壁鸠鲁批判宗教的所有要素，他说神学不过是"把对自然原因的无知简化为一个系统"。一切都来自物质；宗教在与幽灵打交道，上帝也是虚构的。宗教还助长了残忍和分裂，使得人们"为了莫名其妙的观点而彼此憎恨和折磨"。[55]

即使不去讨论这一系列对创世说的替代解释，反对伊壁鸠鲁学派的古老论点也很难被置之不理，即可见的世界不可能是"原子偶然聚合"[56]的产物。他们强烈抵制对宗教的批判，他们倚重尤其为英国和荷兰作家所推崇的"设计论证"的形式。除了依靠神圣的创世活动，还能怎样解释动物对食物来源和环境的惊人适应呢？它们的本能怎么可能被调整到恰好保证其生存和繁衍呢？如果在上帝的心灵中没有一个神圣的模板来支持对它们的创造，物种为什么会按类型繁殖呢？

如第四章所述，伊壁鸠鲁学派已经提出了一种观念，即有生命力的形式持续存在，而无生命力的形式终将消亡。在18世纪，人们越来越意识到，新的动物物种在出现，而旧的物种在灭绝。人们也非常清楚农学家的选择性育种是如何改造花卉和牲畜的。但是，达尔文在1859年的《物种起源》（*On the Origin of Species*）中所引用的证据和论证的类型当时在概念上尚不可行——他引用它们是为了说明每一代的个体性状和特征的变异，以及用育种者的比喻说明自然"选择"如何缓慢作用于它们。这需要一个像霍尔巴赫一样大胆的知识分子来论证，当涉及蝴蝶的美丽、昆虫的复杂和珊瑚虫的繁殖能力时，"所有事物都不能证明这位上帝的存在，它们只会证明你不具备应有的因果关系的观念，而这些因果关系可以产生无限多样的组合，同时宇宙就是这些组合的集合"[57]。

于1779年休谟去世后出版的《自然宗教对话录》试图批判这种设计论证。正如休谟所指出的那样，当我们偶然看到一块手表时，理所当然地认为它是一位聪明、熟练且心灵手巧的工匠的作品，但这是因为我们拥有关于制表师和手表的经验。我们知道，手表是人类工业的产物，它不是凭空产生的，也不是根据自然法则从四处散落的金属碎片中产生的。然而，制表师与手表的关系对于思考世界起源而言是一种糟糕的样板。宇宙只诞生过一次，而我们从来没有观察过一位神灵建造宇宙的过程。

世上恶的存在、自然灾害和人身事故中对无辜者的惩罚，长期以来被视为否认上帝而接受伊壁鸠鲁主义哲学的一种动机。根据拉克唐修在公元3世纪的著作，伊壁鸠鲁曾提出过这样一个问题：上帝是愿意阻止恶却没能力去做，还是有能力阻止恶却不愿意去做？任何一种选择似乎都在否定神性。宗教辩护者接手解决此问题，莱布尼茨是其中有名的一位，他认为许多恶只是表面上的恶，而不是真正的恶，或者恶对更长远的善来说是必要的。休谟在《自然宗教对话录》中对这个问题进行了不懈的追问，他将世界描绘成一幅杂乱无章、充满悲剧色彩的惨淡图景，他认为，如果有人想要求助于超自然的实体，那么也不妨认为这个世界是由一个不太称职的神所创造的，或者首次创世是一次粗糙的、有严重缺陷的尝试。

休谟被其所处时代的唯物主义吸引，但他的怀疑主义取向以及他对自己声誉和职业前景的担忧，使得他无法公开地倡导唯物主义。尽管如此，他还是给予宗教信仰釜底抽薪的一击，同时将所有关于最终起源的问题从可判定的范围中排除。尽管康德和休谟一样准备好摒弃基督教的神话特征，但《自然宗教对话录》还是深深地震撼了他，以致康德声称自己被休谟从"教条主义的迷梦"（dogmatic slumber）中唤醒。在他所谓的"批判性转向"（critical turn）之后，可能是担心其关于宇宙从混沌中机械地出现并复归混沌的宏大洞见的道德意蕴和认识论地位，康德主张禁止对世界的终极起源、构成和命运进行理论化，理由是此类问题超出了人类知识的范围。他认为，唯物主义关于世界起源的论述同神创论一样，在哲学上是无法证明的，所以人不应该肯定这两种解释中的任何一种。

在康德看来，休谟对宗教的批判漠视了人类的需求；休谟毫不犹豫地剥夺了人们关于神意、美德之奖励等宽慰人心的想法。因此，对康德来说，"上帝"这个名字变得不是指道德律的制定者，而仅仅指一种他认为在心灵提供道德导向之前人们就应该持有的观念。上帝是一种令人宽慰的观念，即被设想为一种能够且将会奖励美德的力量，而不论这世界是否真的这样做。

人们在接受康德的建议时可能会想，如果宗教能激励人们按照道德行事，即使这样做实际上不会得到永生的奖励，宗教又有什么错呢？

卢克莱修对这个问题的回答是宗教会唆使人们做出暴行。人们之所以会迫害、谋杀和残害他人，或是因为这些人在他们看来是不虔诚者，或是因为人们认定上帝希望他们如此行事，而残酷的个人冲动会被信仰相同宗教的人所接受和强化。在其诗作第一卷的开头，卢克莱修用凄婉的措辞描述了阿伽门农献祭女儿伊菲革涅亚的情形，称她是"一桩罪恶里一位令人悲伤和无辜的受害者"[58]。她父亲的目的是安抚女神阿尔忒弥斯以改变阻碍阿伽门农的船队驶向特洛伊的风向。这一诗节揭示了卢克莱修的反战情绪和他对"宗教"（religio）的憎恶。"这些十恶不赦的行为会催生迷信。"[59]

宗教过时了吗

与疾病、自然灾害和猝死相关的奥秘已经被现代科学以伊壁鸠鲁学派可能认同的方式加以解释，地质学家、植物学家、生物学家和遗传学家对生命的起源和物种形成的机制已经给出了很有希望但仍属推测性的解释。包括大爆炸理论在内，宇宙学也有几种解释宇宙起源的理论。人们也许会怀疑卢克莱修认为的自然科学不可能彻底消除宗教信仰的观点是否正确。

像卢克莱修那样，借用神职人员的力量来解释宗教的吸引力，只会使这个问题倒退。如果神职人员的言论被认为反映了他们对科学的无知，如果以宗教的名义进行的迫害与人类的本性不符，那么神职人员为何会享有崇高的权威？如果一个人接触或参与实践了一门自然科学，那么至少他就不大可能接受宗教的基本教义，也不大可能相信人们在死后会继续存活于另一个世界，并在那里受到惩罚或奖励。然而，许多精通地质学、物理学、天文学、生理学、生物学等学科的人更愿意称自己是"不可知论的"或"有精神信仰的"，而不是"无神论的"。

对于这种偏好，肯定有比神职人员的恫吓之辞更好的解释。唯物主义者和其他自称"有精神信仰但无宗教信仰"的人可能想要表达他们对过去的作品和仪式——《圣经》主题的辉煌绘画，庙宇和教堂的建筑、雕塑，以及宗教音乐感动人心的力量——的赞美。他们可能会觉得抛弃宗教就是在贬低这些艺术作品，还会导致人们无法充分地欣赏它们。宗教服务为许多人提供了扪心自问的机会，让人们享受在一个平、安宁、志同道合的群体中的体验。朝拜者们聚集在一起，他们站在同一边，不会像在暴乱中那样怒发冲冠，不会像在体育比赛中那样被分成对立队伍的支持者，也不会像在攒三聚五的缝补圈子里那样闲聊。宗教展现了一个不同于由赚钱、消费和履行家庭责任构成的日常生活的世界。它的道德要求通常很明确，容易被人理解和记忆。但是古希腊和古罗马的神职人员不从事诸如教育囚犯、照顾病人和孤儿、反抗压迫和战争等具有道德价值的活动，这些活动至少要归功于一些后来的宗教机构。

伊壁鸠鲁学派认为，参与宗教生活既有物质原因，也有文化原因。宗教经验、信仰和实践是人类生

活中可以被解释的现象。正如心理学家威廉·詹姆斯
（William James）在19世纪末怀疑的那样，神经学家
相信他们已经发现了大脑中特别容易产生宗教观念的
区域。伊壁鸠鲁学派认为，神灵的形象是由臆想的心
灵从游荡的影像流中拼凑而成的，而我们现在强烈地
怀疑是心灵自身产生了一种受神灵恩惠而且身处一个
由神灵掌管的宇宙中的感觉。这些感觉可能在道德约
束力中发挥作用，而道德约束是人这一物种在生物学
上能够成功所倚重的。

　　伊壁鸠鲁哲学为非信徒提供了一种关于生命和
宇宙的自然起源的一般理论，一种对道德的可敬的解
释——道德既是一种自然的秉性，又是一种通过经
验和反思得以改进的"社会技术"——以及一个摆脱
宗教机构的机会，而这些宗教机构由于缺乏仁慈和充
满迫害的历史与实践，可能遭到非信徒的强烈谴责。
作为另一种选择，非信徒可以继续留在宗教里，但他
们既不为神罚的威胁也不为神赐的奖赏所动，完全接
受死亡的终局。他们可以像伊壁鸠鲁本人所表现的那
样，为虔诚和共同体的理想所感动。

政治和社会

07

从身份到契约

正义（justice）在古代政治哲学中是一种崇高的境界和理念。这个词曾经的含义比我们今天对照一般意义上的作恶而赋予它的含义更为广泛。不仅制度、文告、法律和政府的决定与声明可以被称为"正义的"和"不正义的"，个人的性格和行为也可以被称为"正义的"和"不正义的"。

伊壁鸠鲁说正义只有一个基本功能：使人们互相帮助，防止伤害别人或被别人伤害。这是一项契约，一项由既相互依赖又相互威胁的人与他人建立的互不侵犯和彼此合作的协定。他认为不存在归因于动物的正义，也不存在可以从动物身上获得的正义，因为动物无法与人类订立此类契约。任何不理智的人，如果不能签订和履行这样的契约，就该被当作危险的动物来对待。

尽管正义作为一种保护弱者不受强者伤害的减免伤害体系对古代哲学家来说并不陌生——它是柏拉图的对话集《高尔吉亚篇》（*Gorgias*）中的卡利克勒的目标——但它在其他主要的哲学流派中没有得到捍卫。在古代政治哲学中，正义更多地被理解为一种社会状态，在这种状态中，每个人都在更广阔的社会中恰当地扮演他或她的角色，而且也都得到其"应得之物"。人们理所当然地认为人分属不同的类别，而且对其他人负有责任。公民和非公民、主人和奴隶、丈夫和妻子，每个人都有不同的权利和责任。在《理想国》（*Republic*）对理想城邦的描述中，柏拉图区分了金、银、铜三种材质的人，强调了社会中明确的劳动分工和不同层级的人的价值。

古人理解包括主人和奴隶、公民和外邦人在内的社会角色具有偶然性和可逆性。有时候奴隶会在主人死后获得自由，有些奴隶甚至可能变得非常富有。亚里士多德意识到，如果在战争中被抓，国王也可能变成奴隶，他称这种情况是"不正义"的。但是除此之外，奴隶制被看作是正义的，而且在亚里士多德看来，它的确是以自然为基础的。男性对女性的社会优势同样被认为是自然的。根据后来的罗马法，主人有权决定奴隶生死，正如父亲有权决定孩子生死一样。古罗马的父亲可以决定抚育还是遗弃他们的孩子，而孩子的母亲在这方面没有法律上的权利。

让一些柏拉图的读者大为震惊的是，柏拉图唯一的平等倡议竟然是建议男性和女性可以接受相同的教育和训练，而且女性有可能被列为守卫者阶级的顶层。许多人认为他是在开玩笑。在这个问题上，亚里士多德比柏拉图更具影响力，他认为差异和支配是形成宇宙结构的基础，对加强社会关系也至关重要。男性对应"形式"（一个本体论的基本范畴），女性对应"质料"（另一个范畴）。男性支配女性，主人支配奴隶，如同形式通过其内在的优越性支配质料，也像某些神灵通过智慧支配天体、天气、季节和动植物的生命周期。

所有人都有自己天生的角色和地位，并在一个最佳的社会秩序中发挥作用。奴隶具有不能主动行动且过分顺从的本性，妇女具有缺乏理性且异常情绪化的本性，这两者使得他们不适合过独立的生活。妇女之于延续家族血统和供给家庭的衣食是不可或缺的，那时的人们相信，如果公民的妻子都留在室内，那么公民社会的秩序将得到最好的保护。一个好女人的品质（贞洁、温顺和勤劳）与一个好男人的品质（勇敢、追求个人荣誉和举止妥帖）是不同的。

对古人而言，人在法律面前是不平等的：他们没有可互换的角色，也不具备一般的"人权"。在大多数情况下，哲学家关心的是解释他们眼中源于自然的这些社会分层的实用性和必要性。

伊壁鸠鲁学派对这个问题的看法与众不同。伊壁鸠鲁的理论没有天然的等级划分，只有不同的复杂程度。因为每个人都是由同样的原子材料而非其他物质构成，而所有的社会关系都依赖于人的感知和习俗。一个人或许多人受另一个人支配，或者多数人受少数人支配，这只是伊壁鸠鲁本体论中的社会事实。因此，赋予承担不同社会角色的人以"应得之物"或与生俱来的东西的观念可能没有形而上学的基础。

同时，古代唯物主义也为贬低人格比较提供了依据。气质和能力必须取决于身体结构，正如狐狸和兔子有不同的性情和习性一样，男人和女人也有不同的性情和习性。虽然卢克莱修对爱、繁育和新生都饶有兴趣，但他依然直白地贬低女性的身体力量和精神力量，他认为除个别例外，"男性通常在技能和才华上要比女性优越得多"[60]，至少在文明工具（包括织布机）的发明方面就是如此。无须多言，人类学家不会支持这种观点，他们对少数流传至今的历史早期文化中妇女所展现出的艺术才能和技术创新给出了丰富的证据。

对伊壁鸠鲁学派而言，感官的感知是对真理的终极检验，而偏好（preference）和选择则是对道德之善和政治之善的终极检验。偏好和选择因地制宜，可以改变。如果人们对他们的需要和向他们开放的机会的认识与评估发生变化，他们的法律和习俗也必然改变；没有永恒不变且放之四海而皆准的绝对正义。此外，社会在不断进化。根据原子论者的方案，任何一个特定时期的社会秩序都是暂时的，是通过偶然性、必然性和人类自由意志的结合产生的，而这些因素相互作用就产生了当前的状况。由于没有一种构造是永恒的，而且原子持续不安定的运动不会停止，我们可以期待变化，甚至革命，但也不能期待任何城市、帝国或社会系统永远持续。最重要的是，我们绝不能认为我们所处的社会是一位智慧的设计者有意设计的结果，也不能断定它就是应对当前环境的最佳选择。我们只能认为，和动物一样，某些架构会因为自身内部不稳定或与环境不相兼容而崩溃。

伊壁鸠鲁学派的"自私"本性被其批评者广为诟病。无论如何，这种自私与他们作为个体的利己主义（egoism）无关，而与其逃避政治参与和政治责任有关，因为这将给他们徒增烦恼。对伊壁鸠鲁学派来说，政治意味着对权力和虚名的眈眈逐逐，这与美德、快乐和内心的平静是不兼容的。美德、快乐和内心的平静只能在与志趣相投的人建立的私人关系中觅得。伊壁鸠鲁的花园远离城市，象征着这种隐逸的理想。伊壁鸠鲁学派还把和陌生人或萍水相逢之人的同城共处与真正的友谊区分开来，真正的友谊是由爱和信任支配的。

在这方面，他们不同于斯多葛学派。后者认为，对朋友和家庭的爱可以扩展为公民间的友谊和对邻里同胞的亲切关怀，并最终在"扩大的圈子"中流向遥远的陌生人。斯多葛学派和伊壁鸠鲁学派的道德哲学之间的对比将在第九章得到更全面的论述。

考虑到他们喜欢离群索居，人们可能会认为伊壁鸠鲁主义对后来的政治理论的影响微乎其微或根本没有影响，但事实并非如此。关于伊壁鸠鲁主义在其所处的时代是不是一场民粹运动（populist movement）——这意味着怀疑权威，且被贵族阶层视为危险——存在争议。随着伊壁鸠鲁主义在现代早期被重新发现，由基督教-亚里士多德文化中发展出来的政治权威和正义的诸多概念的冲突开始显现。伊壁鸠鲁主义的主题透过旧的结构浮现出来，正在深刻地改变政治思想和政治架构。

文明的进化

在公元5世纪罗马帝国灭亡之后，欧洲各个社会变成融君主、贵族、农奴、工匠、牧师、军队和商人为一体的体系。人们用"自然法"和国王在征税、惩罚和发动战争等方面的"神圣权力"来描述政治制度。在谈到穷人的贫困时，有人提出这样的观点：贫穷和饥荒是上帝的旨意。遭受贫穷的人会因其在地上的苦难而在天堂得到补偿，或用《圣经》的话说，他们将会"承受（地土）"[1]。

按照《圣经》的解释，大多数人（甚至许多过得不错的人）的命运都是悲惨的，因为生命是对价值的考验，也是对罪恶的惩罚。在罪恶降临这个世界之前，亚当和夏娃是地上独有的神圣受造的居民。这对夫妇一直过着幸福的生活，直到他们违背了造物主的旨意，才被逐出伊甸园，被迫遭受流离失所的苦难。虽然《圣经》没有解释早期社会如何分裂成相互敌对的君主国，而且它对国王和王权的看法也摇摆不定，但基督教作家认为有必要承认现世的秩序。随着圣奥古斯丁及其后继者的论述，那些有权掌控和管理人类社会的国王、地方长官和神父被概念化为出自上帝的任命，因此人们理所应当要服从他们。

1　《圣经》多处有提到义人必将"承受地土"（inherit the earth，根据中文和合本的翻译），例如《马太福音》5:5。英文的earth既可以指"大地""土地""尘土"，又可以与"天堂"（heaven）相对而指"地上""凡间"。这里作者使用了一个双关的修辞。

伊壁鸠鲁主义对人类历史的解释则全然不同（图7）。回忆一下，在大地仍然肥沃且能够产生孕育生命的子宫的时期，人类像其他大型生物一样从大地中冒出来。卢克莱修认为，最早的人类是居住在洞穴和森林里的野蛮的、毛发浓密的独居动物。随着时间的推移，他们发现自己受到野兽和其他危险的威胁，于是开始团结其他人。随后人们发明了语言和衣服，开始组建家庭群体，后来又相继形成部落和国家。不像神话中所假定的那样由神灵教给人编织、音

图7　早期人类即将发现如何使用火，因此也处于农业和战争的边缘。《森林火灾》局部，大概公元1505年，皮耶罗·迪·科西莫绘

乐和书写等技艺，人是通过观察其他动物并运用自己的创造力学会这些技艺的。他们就这样逐步地把自己提高到文明的状态。

这个提高的过程同时也是一段血腥而可怕的历程。通过观察森林大火使熔融的金属在地面上流动，人们窥见了金银之美，突发奇想要把硬金属加工成任何他们想要的形状。因此，他们制作了伐木用的斧子、耕种用的犁和镰刀以及青铜和铁制的武器，这些武器比他们祖先用的石头、棍棒和赤手空拳要致命得多。战争开始出现，随之而来的是君主制、政治对垒和暗杀。人们的生命得不到保障，人与人之间的信任也荡然无存。卢克莱修认为，人类终于对持续的冲突深感厌倦，于是强制设立了法律和执法者。如果他们不这样做，人类这个种族就不能生存下来。因此，我们口中的"正义"是一种人为的发明：直到人们决定提出法律，并试图通过赋予权威以惩罚性的权力来确保人们服从，这一发明才得以出现。

对17世纪中叶在英国工作和著述的唯物主义者霍布斯来说，伊壁鸠鲁关于"正义是种发明"的论述促生了他自己的社会契约论。霍布斯描述了一种"所有人对所有人都是战争"的原始状态，人们只有放弃"自然"权利——掠夺任何想要的东西且不受限制地追求一己私利——才能终止这种战争。虽然霍布斯同意正义的基础是人类的协议，其功能是为了防止人们在追逐私利的时候侵害他人，但他认为若缺少一个中央权力在人们犯错时施以惩戒，人们就不可能遵守与他人制定的反侵略契约。在1651年出版的著作《利维坦》（*Leviathan*）中，他给伊壁鸠鲁式的解释添加了一个执法者——"利维坦"或绝对统治者。

然而，从霍布斯的文本中可以明显看出，这位统治者的作用仅限于促进公民的幸福和舒适，保护他们免受威胁和危险，换句话说，即消除恐惧和痛苦，增加快乐。君主的职责不是提升个人的荣耀，也不是通过征服来扩张其领土或享受奢靡的宫廷生活。霍布斯对自然的无政府状态的再现，显露了他的伊壁鸠鲁主义色彩。他将"自然法则"重新定义为一种实用的规则：它可以减少人类在自然心理倾向下的社会摩擦，而不是上帝的道德命令和政治命令。17世纪的其他主要政治理论家，包括霍布斯的先驱雨果·格劳秀斯（Hugo Grotius）和后来的塞缪尔·冯·普芬多夫

（Samuel von Pufendorf），都在这种非神学的意义上
使用"自然法"（natural law）一词。

法国哲学家让-雅克·卢梭（Jean-Jacques
Rousseau）的社会契约论（social contract theory）比
霍布斯晚了一个世纪才发展起来，该理论否认了君主
专制的必要性。卢梭以伊壁鸠鲁的方式认定，缔约双
方不存在地位差别，而且双方在和平中存在共同利
益。法律应该取决于受其影响的人想要什么和同意什
么；应该根据人民的需求和喜好自下而上地制定，而
不是根据统治者的喜好自上而下地颁布。

这些伊壁鸠鲁主义政治理论的改编版本深刻地
影响了现代制度。19世纪末，亨利·梅因（Henry
Maine）令人信服地指出，欧洲社会的法律演变是一个
从基于地位的关系走向基于契约的关系的发展过程。
在后一种范式中，人根据法律是可以互换的。法律不
给予富人、出身显贵之人、有产者或神职人员任何特
权，比如普通罪行免于起诉的权利。在原则上人们可
以自由地离开他们工作的地方，可以自由地更换丈夫
或妻子，可以自由地不考虑宗教或种族去从事任何他
们已获得从业资格的职业，也可以自由地开展其他自

由活动。立法是专门针对普遍福祉的观念已经被广泛
接受。今天，如果不能说服大多数人相信某项立法是
为了让他们受益，就很难通过那些只惠及少数人的法
律。不幸的是，这种情况下，说服他们往往太过容易。

进步及其问题

伊壁鸠鲁学派认识到，过去许多世纪发生的技
术和社会组织的进步不仅给人类带来了收益，也产生
了损害，而其哲学宿敌却对此鲜有认知。卢克莱修提
到所有文明生活的改进，如道路、建筑、织物、绘画
和雕塑，都有助于人们享受生活。与此同时，在文明
影响下，野心和贪婪毒害人们的心灵，这些邪恶源于
"不知道拥有的限度" [61]。正如嫉妒会破坏密友之
间的关系，权力欲和财富欲则会导致流血和内乱。

大约在法国大革命爆发前20年，卢梭发表了著
名的《论不平等的起源》（*Discourse on the Origins
of Inequality*）。书中，他遵循卢克莱修关于人类的
技术进步伴随着道德沦陷的论述。正如卢克莱修谴责

人们鄙弃橡子、草床、毛制和皮制衣物的同时日益增加的对奢侈品的嗜好一样，卢梭在目睹"黄金和权力……用忧虑荼毒人们的生活，用战争疲乏人们的身心"[62]后，抨击了商业国家，指责其奢靡物品和美味佳肴造成了奴役和苦难。文明人似乎总是在"不停地搬家、流汗、做苦力，绞尽脑汁地寻找更艰苦的营生"[63]。卢克莱修对战争感到沮丧，而如果没有冶金技术的发展，战争就不能成为一项惯例；卢梭则认为"在洗劫一个城镇时所犯下的暴行，比在整个地球上的整个自然状态时期内所犯下的暴行还要多"[64]。

卢克莱修对史前时期的描述与在当时北美、塔希提岛、澳大利亚和新西兰发现的"野人"基本一致，这大大激发了那个时代的作家的想象力。于是，人们几乎毫不怀疑《创世记》式的解释是极不可能的，而伊壁鸠鲁式的解释基本上是正确的。但意见分歧的地方在于：这些被发现的人的生活，是像卢梭对我们狩猎采集的祖先所做的推测那样，比他们同时代的人有更多的快乐、更少的争执和更小程度的剥削，还是像亚当·斯密（Adam Smith）和马奎斯·孔多塞

（Marquis de Condorcet）等进步的支持者所主张的那样，世界正从一种由武力统治的、原始的、未开化的状态迈向一种普遍富裕、平等和开明的状态。

19世纪中叶，恩格斯和马克思在写给德国和英国读者的文章中，进一步发展了伊壁鸠鲁主义的观点，他们指出在技术变革的推动下人类社会经历了一系列截然不同的经济和社会阶段。马克思曾写过一篇关于伊壁鸠鲁的认识论的博士论文，内容与他的原子论前辈谟克利特有关。他没有卢克莱修-卢梭式的对逝去的田园生活的黄金时代的怀旧之情。共产主义者期待的是一个由大规模生产技术和工厂制度引领的新时代。

马克思和恩格斯认为，在资产阶级追求利润和享受的过程中，工人被剥削和被贬低到动物的境况。但假以时日，一切都会被自然机制重新配置。就像一个物种，当它的各个部分不能再正常运作以维系其存续时，它就走到了尽头，资本主义制度也会走向灭亡，同时让位给另一种更加可持续的劳动组织和利润分配的模式。每天的工作时间会缩短，工人也将被解放以得到休闲——以及快乐。

遗憾的是，马克思所预言的人类历史进一步发展的阶段还没有出现，取而代之的是技术创新满足了人们对更多消费和更多劳动力的需求，而不是休闲或回归简单的、无成本的快乐。"拥有的限度"没有为人所牢记。意识到这一点，人类学家马歇尔·萨林斯（Marshall Sahlins）和一些当代作家指出，以某些方式来看，与现代工业社会的公民相比，仅存的少数采猎者的生活更加健康和幸福。不仅仅是生存主义者，旧石器时代饮食的支持者、多元主义者和其他小众人群，都发现古代诗人对黄金时代的描述尤为鼓舞人心。伊壁鸠鲁学派对文明得失的描述以引人入胜的形式呈现在卢克莱修《物性论》的第五卷中，继续为反思和哲学想象提供素材。

伊壁鸠鲁主义的伦理学

08

快乐和痛苦

伊壁鸠鲁的道德信条涉及生存、爱和死亡：一个人如何度过日日夜夜、如何忍受痛苦、如何经营爱情生活以及如何面对死亡的前景。伊壁鸠鲁学派的建议反映出这样一种信念：虽然痛苦和快乐可以被感觉为"心理上的"或"身体上的"，但心灵与身体不可分割，而"一切好与坏都存在于感官体验中"[65]。身体和心灵的物质本性使得痛苦和死亡不可避免，而后者是终极的、不容否认的。正如卢克莱修所观察到的，身心都屈从于"老化的压力和张力"[66]。但是，心灵和身体的物质性本质也使痛苦和苦难得以补偿，并为我们打开了许多快乐和幸福的源泉。

值得注意的是，这种专注于个人幸福的"幸福主义"立场是古代伦理学的典型特征，而当代伦理学在边沁和康德的影响下，以他人而不是自我的福祉为出发点。尽量避免痛苦、内疚、焦虑和恐惧是伊壁鸠鲁学派幸福生活的关键，而解释如何避免或至少最小化痛苦则是哲学的目标。

我们仍然能够察觉到，这个世界充斥着对身体舒适、心理放松甚至是生命本身的威胁。人类在早期面临着来自野生动物的人身威胁，继而又面临着风暴、地震、瘴气导致的疾病以及文明带来的种种威胁，如工业污染、交通事故和战争。心灵易受癫痫、痴呆和昏迷的影响，这些可能都是中毒或身体紊乱的表现。古代和现代早期的哲学家意识到，社会不总是财富和利益之源，也充斥着对心理健康的威胁。古人所罗列的此类威胁包括丧失土地、名誉扫地、流放异地、被暴君猜疑或腐败官员的处决，以及看到自己的孩子、兄弟姐妹或朋友死去。

伊壁鸠鲁观察到动物本能地寻求躲避和远离痛苦、匮乏，以及延长生命。它们也寻求满足口腹之欲和享受欢愉。在特定的情况下，人们有理由同这些自然倾向做斗争，比如在接受手术或参加剧烈运动时暂时、自愿地忍受疼痛。此外，我们的生理机能是这样的：某些疼痛伴随着快感，因为大脑会分泌天然兴奋剂，例如由食用辣椒、文身或穿刺以及极限运动引起的疼痛。

不过，幸福的生活在很大程度上需要规避或减轻痛苦。仅是远离"肉体的哀号"以及寒冷、饥饿和口渴的痛苦本身就足以成为一种快乐。显然，一旦基本需要得到满足，一个人就会设法安排自己的生活，以便免于烦恼（无论是噪声、糟心的环境、无趣的公司或是令人厌倦的工作），并且摆脱沮丧的心情和迫在眉睫的威胁。

禁欲对伊壁鸠鲁学派而言，除了作为一种预防痛苦的手段，没有任何道德意义。不过，它在预防痛苦方面确实至关重要。对享乐直白的追逐非常容易导致放荡和长期有害影响。伊壁鸠鲁在这一点上说得很清楚："不是纵饮狂欢、宴乐无度、享受男色或女色，也不是珍馐美味，而是冷静思考带来了幸福生活。"[67]虽然吃喝令人愉快，但一旦超越满足饥饿感和暴饮暴食之间的界限，或超越适度饮酒和酩酊大醉之间的界限，痛苦和麻烦便成了常见的结果，任何"给每次选择和逃避都寻找借口"[68]的人都能确定这一点。因此，如果痛苦迫在眉睫，就不应该追求享乐；如果痛苦应允能减轻未来的折磨且带来更大的快乐，就应该拥抱痛苦（图8）。

图8　众多道德家对伊壁鸠鲁感官享受的不屑在欧洲艺术中得到充分的表现

　　在评价伊壁鸠鲁主义的道德哲学时，人们可能会认为，其在享受适度和合理快乐的同时将痛苦最小化的审慎观点是无可非议的。但审慎好像有别于道德或美德，而且将注意力集中在行为对行为主体产生的后果而不是行为的内在正当性及其对他人的影响，人们可能会觉得伊壁鸠鲁主义在这一点上过于自私自利和精于算计。那么诚实、慷慨以及尊重他人权利和财产的美德呢？

伊壁鸠鲁学派指出我们必须与他人生活在一起，包括那些我们不是特别喜欢的人，还有那些我们对其没有温暖、慷慨或宽容的感觉的人。我们应该公正地对待他们，也应该审慎地对待自己。但是，使诚实成为社会美德"在道德上是好的"的原因不是其有神秘内在属性，而是别人期待我们说出真相，也讨厌我们说谎。我们的经验通常表明，如果我们不诚实，会预料到自己将被别人疏离和惩罚。偶尔，会有人做了一旦被发现即被惩罚的行为却能侥幸逃脱。但是，没有人能够理所当然地预料自己一辈子说谎、偷窃、隐瞒、侮辱和伤害他人而不受到惩罚。这样的人必然永远害怕公开和报复，因此过着不幸的生活。这样，伊壁鸠鲁学派为传统美德是值得追求的做出辩护，同时继续坚持所有的道德动机最终都建立在避免痛苦的基础上。

欲望和失望

人的一生中最痛苦和最快乐的方面都与爱和激情相关。据说，伊壁鸠鲁学派写下了大量关于性欲的文章，这被与其对立的哲学家认为极不得体。伊壁鸠鲁有很多女性朋友，包括现在所说的"不纯洁友谊"。伊壁鸠鲁警告人们提防爱情，而关于他对性的态度最贴切的形容是消遣性的。他认为性出乎本性，但不是必需的。他建议他的学生只根据年龄、相貌和身材来选择伴侣，而不是因循守旧地只看重财富和出身。他还提醒他的学生，孩子是个大麻烦。根据伊壁鸠鲁（对其男性读者）的说法，明智的人通常避免结婚和生育，但它们对某些人则可能是合适的。

卢克莱修的倾向多少有些不同。他认为（同样对其男性读者说），同一个爱好整洁、谦和有礼的女人缔结的婚姻能够取得成功。日久生情，就像"时间久了，水滴石穿"[69]。尽管略显温和，但他为将婚姻当作一种合理且令人愉快的状况所做的辩护是值得注意的。与此同时，节制和革新的比喻交织在他的诗歌之中，在其道德心理学中也有精彩的展现。

伊壁鸠鲁对浪漫之爱的悲观看法和卢克莱修对它的警告是有其特殊原因的。伊壁鸠鲁所处时代的雅典人把受过良好教育、友善易处、彬彬有礼的女性阶层与普通妓女和出于战略或生育的需要而娶的妻子明显地区别开来。富有的男人往往用礼物和金钱来争夺他们中意的妓女。而对妓女来说，男人是可以更换的，而且男人也没有深不见底的钱袋，一个妓女为了自己的安全必须睁大眼睛去寻找下一个或其余的裙下之臣。这一切都使其爱慕者产生了极大的焦虑、愤懑，也许还有憎恨的情绪。了解社会系统的这一特点有助于我们正确地理解伊壁鸠鲁的建议，即男人要提防陷入和女人的情感羁绊。

对卢克莱修来说，虽然对个人的爱慕及其所产生的欲望是徒劳无益的，而且个人之间的联系也会像其他事物一样为时间所侵蚀，但是爱作为一种重塑和革新的力量，在宇宙的构架中不可或缺。凡人被"神圣的快乐召唤"[70]，和他们的同类一道给世界补充生命，而且在这方面，女人和男人一样活跃，平等参与，同等重要。

在《物性论》的第四卷中，卢克莱修描述了恋人们永不满足地凝视着彼此，爱抚着彼此的身体，试图将他们的身体融合起来获得统一的感觉却未能成功。但激情也会使人受到伤害。爱是"维纳斯芬芳的蜜汁，它首先被滴入我们的心田，之后令人不寒而栗的忧虑就接踵而至"[71]。强烈的蒹葭之思，以及害怕失去或已然失去所爱之人带来的焦虑和痛苦纠缠着情人。名声和事业可能因此受损，赠送礼物也会使资财耗费。除了疯狂的绝望之外，人类经历过的最痛苦的情感莫过于性嫉妒，而二者确有许多共同之处。性嫉妒产生于这样一种印象，即我们必须专享某个人的爱，而这个人无可取代。情人说出的"暧昧之词"或对着别人流露的"一丝笑意"[72]都能让我们痛苦不已。

卢克莱修实际上对这些受激情控制的人进行了些许讽刺。在我们看来，文雅、威严、光鲜、甜美和聪明的人却可能迷恋某些矮小、过度发育、平庸或脾气恶劣的人。救治嫉妒和占有欲的方法是多想想所爱之人的缺点及他们身体性的本性，而且记住"即便没有她我们也生活到了现在"[73]。

伊壁鸠鲁建议避免与给你造成痛苦的人接触（即

使你从这种接触中获得了短暂快乐），还要尽量避免
见到他们或听到他们的名字。卢克莱修进一步建议，
当你陷入痴迷苦恋时，可与你不爱的"随意游荡"的
"维纳斯"[74]缠绵，以缓解情绪和转移注意力。当
然，卢克莱修有关这个话题还是不乏一些有见地的论
说，也能给出不错的建议，甚至对截然不同于雅典人
或罗马人的婚配制度也是如此。

伊壁鸠鲁主义者认为不仅需要节制对食物、酒
精和性的欲望，还需要节制对财富、名望和权力的渴
求。普通人需要金钱、名誉和对其周围环境的控制来
获得快乐，但他们对这些东西的欲望可能会超出冷静
思考所要求的程度。正如我们从小报上所知道的那
样，某些富有金钱、名气或权势之人的人生，可能由
于诉讼、丑闻、痛苦的离婚、毒瘾或自杀而遭受命运
的剧变。

在某些方面，伊壁鸠鲁学派与柏拉图学派、亚
里士多德学派和斯多葛学派中的对手的差别没有我
们所想的那样大。不受干扰、获得某种形式的宁静
（tranquillity）以及避免恣意挥霍都是他们共有的内
容。但伊壁鸠鲁学派在捍卫感官快乐和避免痛苦时谈

到的重要内容是其他学派不曾提及的。

虽然伊壁鸠鲁建议人们要冷静思考与留心"选择和逃避"的理由，但他没有明确区分出于天性的动物行为和由"理性"决定的人类行为。伊壁鸠鲁学派认为美德不是独立于人类的动机和偏好而存在的固定不变的行为模式。伊壁鸠鲁没有列举美德之人违背自身利益的例子，只有一个例外：他认为一个人为朋友牺牲自己甚至忍受折磨是好的。

死亡的终局

伊壁鸠鲁关于死亡的终局的学说可能是最难为许多人所接受的。与古代主要哲学学派和世界上大多数宗教的信徒不同，伊壁鸠鲁和卢克莱修是坚定的灵魂灭绝论者（mortalist）。

山石泐，沧海枯，随着时间的流逝，建筑物栋折榱崩，动植物也寂灭衰亡。曾经构成身体的原子，包括物质性的灵魂原子，四处分散并与大地、海洋、天空的原子混合。没有人能在生命功能停止和身体自然分解之后继续存在或复活。基督教教义需要个人及其身体的复活，因为这一点，伊壁鸠鲁主义在教会眼中就是可憎的学说。

人的心灵显然倾向于相信灵魂不朽或者灵魂向他人或动物轮回。很容易理解这一信念何以如此普遍。人与他们的亲友之间形成的强烈羁绊取决于他人的"个性"给我们留下的独特印象。尸体是一种人性和人格似乎已经从中消散的东西，我们会自然而然地以为灵魂已经去了"某个地方"，或者等待着要栖息在一个功能更为健全的身体里。鸟类、动物或孩子的行为可以使我们想到一个熟悉的灵魂已经选定且正在占据该身体。

基督教关于不可见的、可分离的、不朽的灵魂以及灵魂受奖赏和惩罚的学说主要通过两条途径得到发展：首先是论证，其次是启示。柏拉图哲学认为灵魂是无形的，因而又是不可分割和不可摧毁的，这一观点为后来的圣奥古斯丁所接受，他在米兰学习时受到了新柏拉图主义者的影响。此观点符合基督教的教义，即耶稣死在十字架上以救赎人类的罪并恢复人类在堕落中失去的永生。这个应许的可靠性建立在对基督的神迹——他从坟墓中消失和后来又在门徒面前显现——的笃信。

因此，伊壁鸠鲁关于脆弱的、物质性的灵魂的理论对17世纪的哲学家提出了挑战。改造哲学以使其适应神学的需要和愿望产生了所谓的形而上学黄金时代，这是一种科学自然主义与神学超自然主义的创造性融合。

柏拉图认为灵魂是一种可分离的无形的实体，它从尸体中分离出来，不管是永久地失去身体还是直到获得新的身体，它都能在没有身体的情况下保持自身的完整性。笛卡儿在1640年的《沉思集》中重新提出了这一观念。然而，这个不可摧毁的灵魂不包含感知或前世的记忆，他认为这些能力取决于一个拥有大脑的身体。

唯物主义者的观点吸引了洛克，他认为不仅是记忆和知觉，实际上所有的心理活动都由大脑产生。一个人的身体、大脑以及所有与奖赏和惩罚相关的记忆，都可以在复活时被还原。

相反，莱布尼茨看到了这两种假设的困难，他提出活着的个体实际上永远不会死亡。我们所说的"出生"也不是其开始。在出生之前（据莱布尼茨说，实际上是在受孕之前），每个人都有一个非常小的活着的身体，在我们所说的"死亡"之后，人会缩回更小的形式，等待着重生到其完整的大小。

对伊壁鸠鲁学派来说，没有灵魂的持续存在和轮回。尽管没有对魔鬼和酷刑的生动想象，古代多神教的地狱也像基督教的地狱一样，是一个暗无天日、深埋地下、令人不快的地方。卢克莱修认为，根本就没有这样的地方，因此没有什么好怕的，而且对天堂也没有什么好渴求的。

在接纳了灵魂灭绝论后，伊壁鸠鲁学派试图直面其心理影响。他们勇敢地指出人类甚至动物的一生中充斥着不可避免的悲伤和不幸，并试图减轻人们对死亡的恐惧。但是死亡通常令人痛苦的过程和死亡正在来临的事实又该如何应对？一个人怎么能不对这些情况感到惊慌和恐惧呢？

当代道德哲学家托马斯·内格尔（Thomas Nagel）指出，死亡之所以令人恐惧，是因为我们知道我们将被剥夺生命中美好的事物，而我们对此无能为力。仅仅想象一个人注定在明天中午死去，即使毫无痛苦，也是一个可怕的想法。一个人的非自愿死亡似乎是发生在他身上最糟糕的事情，让他不能平静地思考。如果我不能活到明天中午以后，我将失去很多——从我每天早上第一杯可口的咖啡，到欣赏日落、看电影、穿新衣服，到再看着我的孩子长大，以及为新知识贡献我所能贡献的一切，等等。不管我的死会给别人带来怎样的悲伤和现实问题，死亡对我来说似乎就是件坏事。还有什么比失去所有的记忆，不能从睡梦中醒来，不能移动和说话更加可怕的呢？

对此，伊壁鸠鲁学派认为，以上种种的损失对活着的人来说是可怕的，对死去的人来说却另当别论。"当我们存在时，死亡还没降临，当死亡降临时，我们已不存在了。"[75]我们想象自己躺在黑暗的坟墓里一动不动、目不能视、耳不能听，感到恐惧和可怜，但我们不会成为自己死亡的见证者，也不会有恐怖的体验或经历。

我的死亡对其他人来说可能是坏事，而对我来说，想象自己的死亡在情感上是痛苦的。但是，伊壁鸠鲁学派认为，即使我在明天中午就要死去，对我来说也不是坏事——我不会再遭受什么损失了。我将不复存在，我再也不会经历任何事情，包括关于所爱之人的痛苦、悲伤或焦虑。对一个存在物而言，事物的好坏取决于能给其带来快乐或痛苦，人一旦死了，这两种情况都不可能发生。死亡的过程也不甚可怕。伊壁鸠鲁认为剧烈的疼痛只能持续很短的一段时间，任何长时间的疼痛都是轻微的。死亡可能是一个不太痛苦的过程，在这个过程中，体验和感知痛苦的能力会随着死亡的临近而减弱。

这些论点是否真的能减少对死亡的恐惧和嫌恶值得怀疑。与伊壁鸠鲁的主张相反，在没有强效药物时死亡可能会造成强烈的痛苦。此外，内格尔的"剥夺论证"恰好抓住了不被期待的死亡的坏处是什么。假设我因为没有受邀参加一个我知道将在明天举行，而且能保证令人欢快的聚会而感到沮丧，好像没有什么能消除我的烦恼，除非我在最后一刻收到邀请，或者发现聚会一点也不好玩。

同样，一想到要错过只有活着才能享有的美好未来，我也会感到沮丧。除了挽救我生命的干预措施，或者我发现生活在某一时点之后终究了无生趣外，没有什么能消除我的沮丧。虽然我对最终死亡前景的沮丧（可能死于自然原因），要比我对干预措施失败的沮丧温和得多，但我可以肯定，无论接下来的生活多么美好，总有一天任何干预措施都无法拯救我。

尽管如此，伊壁鸠鲁学派还是值得赞扬的，因为他们勇敢地尝试消除不可避免的不快。如前所述，与理性和证据相背，人类有强烈的动机去产生和接受相信灵魂不朽的理由。这是我们热爱生活和体验，以及依恋朋友和家人的表现。我们怀念和哀悼那些对我们来说极其重要的人，我们希望继续享受他们在世时的欢乐，追随他们的生活，奉献我们的友谊和陪伴。一想到在某年的某天之后，我将再也听不到我孩子的声音，或再也见不到满月，或再也不能享受早晨的咖啡和春天的气息，我就难以忍受。但是，如果灵魂灭绝论者的哲学最终无力使我们完全准备好或完全安慰我们，这也不足为奇，因为它声称我们是物质性的存在者，我们在世间的经历就是对我们来说真正重要的全部。

伊壁鸠鲁主义的伦理学和人类的福祉

尽管伊壁鸠鲁学派的批评者一再将其描述为贪婪的猪和堕落的自由主义者，但伊壁鸠鲁学派捍卫快乐和拒绝拔高苦难的价值对伦理学和政治哲学产生了重要影响。

18世纪的欧洲，随着工业、贸易的发展和财富的积累，中产阶级的生活水平开始提高，伊壁鸠鲁主义开始与奢靡的城市生活联系起来。对新兴资产阶级社会中的某些行业来说，诺顿的理想和他的伊壁鸠鲁购物中心的计划根本不算稀奇。精致的烹饪、园艺和房屋装修艺术、动人的表演和令人捧腹的喜剧、制作精良的音乐以及亲友圈里亲切温柔的举止都备受重视。

伯纳德·曼德维尔（Bernard Mandeville）认为对奢侈享受的追求（尽管伊壁鸠鲁和卢克莱修都没有称赞这种追求）让经济运行得以持续，而且养活穷人。休谟和亚当·斯密的世俗化道德理论强调了道德行为主体及其同伴的正当行为具有诱导和促进快乐的特征，同时强调了社会认同和反对在形成特定社会道德规范方面的重要性。

与此同时，新兴商业国家的发展与马克思所记录的工人的悲惨遭遇是相关的。在这里，伊壁鸠鲁学派的观点有所不同。对快乐和痛苦的关注、灵魂灭绝论的学说和对文化进化的兴趣都为民主和平等的理想增添了原料。一次生命就是我们所拥有的一切，地位的差别仅仅是想象和偶发的历史事件的产物，因而应该令所有人都尽可能地摆脱生活（生命）中的烦恼。穷人在天堂也不会得到更好的东西。在功利主义政治理论中出现的"总体福利"（general welfare）的概念，其核心不是让负担得起的人实现对快乐的追求，而是让无名大众从痛苦和贫困中解脱。平等的理想要求所有人而不只是少数享有特权的人享受愉快的生活状态。

这些观念在18世纪后期凝聚成了力量，并为19世纪令人印象深刻的功利主义（utilitarianism）的改革提供了理念基础。这些改革旨在减少贫困和疾病，减轻刑罚的残酷，纠正法律制度的弊端和腐败行为。杰利米·边沁（Jeremy Bentham）和约翰·斯图尔特·密尔同为功利主义的奠基人。边沁在其颇具影响力的论著——1789年的《道德与立法原理导论》（*The Principles of Morals and Legislation*）中，一开始就呼应了伊壁鸠鲁的观点："自然将人类置于痛苦和快乐这两位至高的主人的统治之下。只有他们才能指出我们应该做什么，也只有他们才能决定我们应该做什么。" [76]

关于幸福的现代理论部分地支持了伊壁鸠鲁主义的立场。丹尼尔·卡内曼（Daniel Kahneman）认为，幸福的生活不仅包括惬意的生活情景，如与朋友外出就餐、在海滩上闲逛和追逐爱好，还包括那些可供回忆的重要经历。伊壁鸠鲁也强调过这一点，他指出我们不仅生活在当下，也生活在对未来的预期和对过往的回忆中。

伊壁鸠鲁认为，人类在这方面要优于其他动物。人类有能力预见未来、记忆过往，而且有能力因时制宜地做出选择。当下的某些选择可以让我们摆脱对未来的恐惧，还让以后的我们对过去心存感激。我们对曾经享受过的美好事物的回忆可以安慰眼下对这些事物的缺失。 [77] 沃尔特·杰克逊·弗里曼（W. J. Freeman）引用了神经学方面的证据，认为最深层的幸福来自能唤起信任和安全感的、与他人进行合作的活动，从而肯定了伊壁鸠鲁主义的观点：他们看重建立在喜欢基础上的友谊而非建立在必要性或利益基础上的同盟。

伊壁鸠鲁的批评者认为伊壁鸠鲁对经验和共享快乐之价值的肯定似乎忽略了伦理学的问题。他们没有质疑所有动物都有逃避痛苦、寻求快乐的天性，但他们（尤其是斯多葛学派）坚信人类因其理性而负有远超动物的能力和责任。在伦理学上，他们认为高尚的事物（正确的事情）与令人愉快的事物是不同的，也是相悖的，而且人天生就有区分正确和善的能力并去追求它们。基督教将斯多葛式的自律理想与克己苦修、加剧贫困和禁欲生活，甚至殉道的人格力量结合起来——这些都是效法十字架上的基督——使之成为道德理想。在斯多葛主义和基督教中，幸福不等同于快乐（享乐），也不把保证幸福当作伦理学的目标。

针对伊壁鸠鲁关于我们应该如何生活的答案，有四种具体的反对意见看起来较为有力。首先，在幸福主义（eudaemonism）看来，保证个人幸福是伦理学的目标，不管幸福是否与快乐相一致，然而，一些严肃的论证反对一切形式的幸福主义。例如，康德宣称

研究如何获得幸福与研究如何在道德上以正直的方式
行事是完全不同的主题。他认为前者取决于技巧和运
气，不完全在我们的控制之下；后者只取决于培养一
种善良意志（good will），这是任何理性的存在者都
能做到的。

一如所见，伊壁鸠鲁学派似乎承认和尊重诚实、
忠诚、勇敢和利他主义的美德，但这仅是因为按美德
行事能使生活更加愉快，还能防止痛苦发生。但是，
康德辩论说，如果这种关系不成立，实践美德又不能
产生快乐和减少痛苦，该怎么办？在涉及伦理道德
时，这不是一个看我们能在多大程度上享受快乐而不
陷入麻烦的社会实验，而是一个不管预测的结果如何
都按理性行事的问题。这个观点似乎说服了许多道德
哲学家。

其次，采用最小化痛苦和最大化长期而非短期快
乐的目标可能会产生矛盾的结果，即我们必须欢迎痛
苦。苏格拉底就指出，痒是获得挠痒乐趣的条件。任
何快乐体验（所谓的"静态快乐"）的结束都涉及
"运动"，因而必定是有些痛苦的。莱布尼茨也认识
到快乐必须先有"不安"才能被感知为快乐，而让持

续的快乐稳定下来是不可能实现的。

另外，最近对以快乐作为目标的批评援引了"快乐水车"（hedonic treadmill）和"设定值"的观念。当人的现有欲望得到满足时，新的欲望就会产生，因此一个人必须不断地努力摆脱无法满足的痛苦状态。此外，现代心理学的研究表明，人们的快乐水平是有设定值的。无论是像失去四肢这样的不幸，还是像中彩票这样的天降之喜，都不会对近一年后的快乐产生任何影响，所以它终会过去。这表明一个人是否拥有快乐或不快乐的生活，较少取决于"选择和逃避"，更多是取决于一个人最初依照自然如何构成的。

再次，有些公认的美德和恶行，包括社会关怀的美德，属于超越互惠和报复范畴的作为或不作为。我为什么要花费个人的资源、时间、金钱或思虑解决远方陌生人的困境，或是把钱捐给在中非工作的救援组织？他们不会因为我的视而不见而报复我，我的良心也不会有丝毫不安。伊壁鸠鲁主义对这个问题无法给出合理的答案。

最后，为了最大限度地减少痛苦，一个人必须最小化痛苦的风险和后悔的可能性。但规避风险的策略同时也会让我们失去生活中最大的乐趣。伊壁鸠鲁说得很对，放弃婚姻和孩子可以避免痛苦的后果，比如惹人烦恼、忘恩负义的孩子或心爱配偶的死亡。仔细观察和冷静思考后也许会发现这类不良事件发生的可能性很大。但我们为什么不去试一试呢？伊壁鸠鲁学派的立场是认为只有当一个人感到自己身处一种无法满足的状态时，他才会真正处于这种状态。该观点与我们的直觉相悖，不仅是与和人的必死性有关的直觉相悖，而且与我们可能无法知晓某些事物的直觉相悖——有些事物，只有当我们拥有或选择了它，而不是一早避开，我们才有可能享受。

伊壁鸠鲁主义的遗产

09

　　在这本简短的书中，我试图尽可能以与伊壁鸠鲁主义一致的态度来呈现它。我尝试说明原子理论自提出以来如何被采纳、挑战和转变，以及原始的伊壁鸠鲁主义关于偶然性、自然运动和"限度"的观念如何成为科学革命的机械论哲学的基础。我回顾了多元世界理论、对所有现象进行物理主义解释的偏好，以及伊壁鸠鲁和卢克莱修关于感知和思维那才华横溢但多少存在问题的说明。

　　我考察了伊壁鸠鲁学派的无神论及其对人类和其他动物的自然起源的说明，还指出它们对后来的进化论以及法律、道德和正义理论的影响；考察了他们对社会演变的解释，以及这种解释如何为文明走向悲观或乐观的评估提供基础。最后，我总结了他们对快乐和痛苦的处理方式；他们对生活在一个天地不仁的世界的建议；

以及他们对生命、爱和死亡的态度。

原子论作为一种形而上学理论非常重要，因为它可以将有感知力的生物所经历的世界与科学理论所描述的世界区分开来。对古伊壁鸠鲁学派来说，原子作为不依赖心灵的实在的终极成分，被除去了"坚实物体"（solid objects）所具有的大部分特征：它们没有颜色，没有味道，没有气味，只有重量、形状和硬度。古伊壁鸠鲁学派认为，坚实物体的气味、味道和外观依赖于受其影响的身体和心灵。因此，不同种类的动物根据其物质构造经历着不同的世界；不同的人，以及人在不同的健康状况下，也会身处性质不同的世界。

17世纪关于终极实在的粒子论是原子论的一个变体，它避开了对虚空、基本粒子的不可分割性以及物质性心灵或"有思想的物质"等具有争议的承诺。该理论赋予基督教的上帝以新的角色——当时新发现的数学化的自然法则的制定者，还给17世纪晚期的新实验科学提供了框架。它对科学方法的发展以及物理学、化学、心理学和医学的概念化具有至关重要的意义。

从当代物理学的观点来看，把可见世界还原成基于微小的物质性粒子的表象是在正确的轨道上的。分子的影像（图9），甚至特定元素的单个原子，都可以用现代量子或电子显微镜观测和捕获。

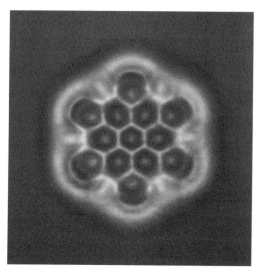

图9　原子力显微镜下的六苯并蒄分子

不过，当代物理学所假定的最基本的实体不具有确定的形状和固定的重量，它们的运动轨迹和位置也无法精确地测定。根据所有的变化都意味着存在诸多部分从而实在的终极成分必然是单一体的（伊壁鸠鲁主义的）理论基础，认为这些实体不能经历任何变化也可能是错误的。就我们所知的坚实物体而言，情况确实如此。但"部分"和"整体"，"速度"，"距离"以及"接近性"等概念可能不适用于物理学所发现的基本粒子。

对诸如大卫·玻姆（David Bohm）这样的理论家而言，作为实证研究对象的时空中的粒子属于"外显秩序"（explicate order），而产生它们的"内隐秩序"（implicate order）则是观察者无法探测到的，相应地，它与外显秩序的因果关系也不能得到解释。该观点与康德关于非物质性的"物自体"的学说有关，而"物自体"在康德看来比伊壁鸠鲁学派的原子在形而上学上更为可取。

说到感知理论，伊壁鸠鲁学派认为世界的诸性质取决于进行体验活动的生物的结构，而且一切具备感觉器官的动物都能感知，这种观点显然是正确的。笛卡儿关于只有人类才有体验的观点被几乎所有的研究人员认为是毫无根据的假设。我们应该毫不怀疑狐狸和鹰也有对事物和情境的体验，尽管我们不知道也不可能知道它们的体验究竟是什么样的。

人不是万物的尺度。然而，我们体验到的感官世界带有人的特征，这使得我们能够同他人沟通和合作，这也与我们的习惯、行为和能力息息相关。正如现象学家强调的，这一适应过程延伸到了个体差异的层面，摄影师、音乐家、数学家和精神分裂症患者都有不同的视觉、听觉和触觉体验；像唯物主义者所假设的那样，这些不同的体验对应个体大脑的解剖结构和生理运作的差异。伊壁鸠鲁主义者总是试图理解人们为什么会坚信他们所从事的事情，即使他们的信念看起来是毫无根据或有害的，而不是简单地将它们视为是错误的和非理性的。这可以从伊壁鸠鲁对宗教的态度中看出。

伊壁鸠鲁学派认为感知是一切真理的标准。该观点乍看之下好像与"我们所经验的世界与导致我们的经验的世界全然不同"的观念格格不入，也很难与"经验到的世界与不同物种和不同类型的感知者相关"的观念相一致。很难看出对同一物体、事件或情况的性质的不同评估何以都是正确的，伊壁鸠鲁的认识论从古代起就被认为逻辑混乱。

然而，接受"感知是真理的标准"的说法，不会让我去假设火车轨道沿着直线会在某一点相交，或者太阳有时只有餐盘那么大（尽管伊壁鸠鲁似乎就是这样认为的），并据此调整我的行为（例如，不坐火车或者拒绝天文学家关于太阳大小的说明）。其他的感知，例如火车通常会到达目的地，或者根据有理有据的书籍，训练有素的天文学家已经测量并推断出太阳的大小，可能比我的直觉更加可取。

伊壁鸠鲁学派的立场是，人们应该寻求引用物质性原因而不是诉诸抽象实体或神秘力量的解释，这一点非常值得介绍。例如，与其把一个人的行为归因于"自卑情结"，或者其他一些不被理解的或虚构的实体，不如去寻找具体经验的、物理的和环境的原因。同时，伊壁鸠鲁学派认为，对任何引人注目的现象寻求这样的因果解释都是极具价值的，因为它消除了恐惧，尤其是对愤怒的神灵的恐惧。这与当代对科学探究为何具有价值的理解相异。我们认为寻求科学的解释是为了获得了解事物如何运作的内在满足感，即使这种解释不会产生任何效用，更不会消除任何恐惧。在这方面，亚里士多德和斯多葛学派也许对理智理解的内在满足有更好的把握。

只要没有一种针对某个现象给出的解释能被单独挑出来作为权威，伊壁鸠鲁就愿意接纳多种看似合理的解释，这在医学等领域显然是有用的。在医学领域中，现代人最常见的病痛背后的确切机制仍不为人所知。基于错误理论的预测或善意的干预会产生灾难性的后果，但我们最终想知道的是基于正确理论的预测和干预能否产生令人满意的结果。科学仪器、实验方案以及测量和分析技术的发明，使我们有时候能够接受"在经验上足够充分"的解释，并足以建立起做这种解释的基础。不过，重要的是要记住在直接体验的生活世界背后和之外的世界，可能不是完全可知的。

如第六章所述，伊壁鸠鲁学派关于神灵的学说有些游移不定。神灵有时被解释为进入且常驻于人们心灵的梦幻的影像或想象的构造；有时又被解释为独立于心灵的"有福"的生物，居住在远离我们的宇宙且忽视我们。有些人可能会觉得伊壁鸠鲁学派，特别是卢克莱修没有认识到信仰一个全能、仁爱的上帝和一个统治一切的神意的好处。一些当代研究暗示，有神论者比无神论者更快乐。参加那些被伊壁鸠鲁学派视为迷信的仪式和典礼，为许多人提供了道德反省、与他人交往和博施济困的机会。文艺复兴和巴洛克时期的高超艺术、建筑和音乐也都是在宗教背景下产生的。

伊壁鸠鲁学派的无神论者可能认为，这样的机会和这样的创造力可以在世俗机构和世俗动机中表现出来。尽管如此，我们不知道在激发人类所具备的道德信念和艺术创造力方面，如果缺乏以某种方式人格化的神圣感，人们还能否做到。也许有人会指出，对卢克莱修来说，自然（确实给他提供了这样一种神圣的感觉）被人格化为女神维纳斯。

伊壁鸠鲁学派在指出和批判许多有组织的宗教的恐惧和暴力导向方面肯定是正确的。《旧约》强调耶和华的复仇本性，他把亚当和夏娃赶出天堂，摧毁整座城池，还以罪恶和不顺服为由用瘟疫惩罚本应由他爱护的子民。地狱是受烈火煎熬的地方，此教义在绘画和布道中都有生动的体现，但丁在《神曲》中也详细描述了地狱的地理构造。魔鬼的故事和永恒诅咒的威胁残酷地折磨和恐吓着许多孩子。

无神论的世界真的会更加和平吗？还是人类会围绕语言、习俗、贸易和领土等世俗问题组织同样血腥的冲突？我们不知道这些问题的答案。但可以肯定的是，人们普遍接受这样一种观点，即道德不是一套神圣的戒律，而是一套旨在促进和平共处和人类繁荣的公约。这将结束许多激烈的争论，也将结束对许多被视为违反某个神灵律法的人的迫害。

18世纪晚期，萨德阐述了一种反道德的思想，其中快乐——被他理解为支配他人的心理快乐和极度刺激带来的感官快乐——是至高无上的善，也是人们不惜一切代价，即使给别人带来折磨和死亡也要追求的。因为萨德的哲学被包含在一种无神论的自然哲学之中，所以就把他的哲学看作伊壁鸠鲁主义逻辑推论的结果，这是一个错误。对密友或陌生人施加痛苦与伊壁鸠鲁的道德教导背道而驰，对感官体验的过度追求也是如此。

不过长期以来，伊壁鸠鲁对绝对的正义标准的拒斥及其认为道德完全出于自利动机的观点，在一些哲学家（如斯多葛学派）看来，似乎错失了道德的要义。康德在这方面就面临一个问题，他在著作中多次提及。康德认为，斯多葛学派在对美德的说明中能提供一种本质上正确的道德理论，但他们并没有提出道德行为的动机。伊壁鸠鲁学派毫无困难地提出了动机，包括期望互惠、害怕惩罚和良心的折磨，但在康德看来，这些动机是不纯的（因为幸福才是目的），也是不可靠的。康德认为，只要存在一种做正确事情的"纯粹的"道德动机的形而上学的可能性，而它存在于不受自然法则或神谕约束的"本体界"（noumenal）主体之中，我们就应该信仰它。

伊壁鸠鲁学派的道德家很可能同意康德的如下观点：克制不伤害他人在道德上是正确的，这符合个人的长期利益；我们对正义和非正义有一种根深蒂固的敬畏之感；道德包括选择。然而，这些信念不指向任何先验的东西——仅指向我们的信仰、欲望和社会经验。我们的动机只能针对我们受教育时被要求注意的特定准则，而且随着环境和我们对环境理解的改变，我们遵守或违抗的动机也会改变。我们宣布放弃许多伤害他人的机会，因为我们指望别人也这样做并且认识到相互宽容的好处。伊壁鸠鲁主义者也许会补充说，道德感被体验为一种不容更改的命令，其方式类似于将某些庄严存在的心理意象解读为对神灵的体验。

在卢克莱修的诗歌中，对弱者和受难者的同情是一个重要的道德和哲学概念。在古代哲学的其他派别中，同情弱者和受难者是不存在的，弱者通常是被轻视的对象。18世纪末和19世纪的以功利主义、福利主义为导向的正义观，关于所有人都应该享有令人满意的条件和令人愉悦的经历的信念，以及通过监狱改革、完善卫生设施、保护和教育工人、后来的福利国家再分配政策，等等这些试图纠正资本主义早期可怕的社会状况的种种尝试，反映出人们对上帝力量信仰的日渐衰退和对伊壁鸠鲁主义伦理的重新发现。

虽然边沁功利主义的继承者密尔认为边沁故意拒绝区分"高级"和"低级"的快乐是不可接受的（边沁堂而皇之地声称图钉和诗歌一样好），但他认为正统的伊壁鸠鲁主义传统赋予"智慧、情感、想象和道德感"的快乐的价值远远高于"纯粹感觉"[78]的快乐。

密尔这位高尚的维多利亚时代的作家可能对此有所夸大，伊壁鸠鲁本人就认为"肉体的哀号"极其重要。但是，前面的内容已经清楚地表明，伊壁鸠鲁对生活的建议不是针对珍馐美味、锦衣华服、酗酒贪杯、恣心纵欲、野心勃勃、争强好胜或其他形式的贪声逐色和自我放纵，而是为了享受生活所提供的无害的乐趣，同时避免因无法满足和情绪干扰而产生的痛苦。斯多葛学派和伊壁鸠鲁学派对日常生活的忠告都重视宁静，但他们对宁静及其实现的理解是不同的。

对斯多葛学派来说，参与政治和家庭生活，包括抚养孩子，是一种责任。他们认识到这两种参与形式都会造成压力并可能带来屈辱、失落和其他心理痛苦，甚至附带疾病带来的身体疼痛和老年不可避免的生活不便。政治参与必然伴有的诸恶包括权力丧失和政敌、令人憎恶的空想家或暴君夺取对政府的控制权等，它可能导致死刑、流放或被迫自杀。对配偶、孩子的爱和对家庭的忠诚可能让人遭受失落。

斯多葛学派认为，有必要对事件的发展采取哲学的态度，理解它们的必然性，并增强自己对痛苦情绪的抵抗力，这些情绪在人体内表现为心痛、焦虑、恐惧和抑郁。其思想的关键在于：心灵要拥有相当强的控制力，不是控制发生了的事情，而是控制对所发生的事情的感觉。

斯多葛学派提出，我们要热爱命运（*amor fati*），因为世界是由神意主宰的，在一个这样的世界里，我们必须接受并切实拥抱我们被规定的命运，不管到来的一切是好还是坏，这整个构思具有美感和崇高感。许多人在斯多葛哲学中为其政治和个人不幸找到了某种程度的慰藉。与此相反，伊壁鸠鲁学派没有这些关于神意的终极智慧的崇高观念，也没有热爱命运的动机，他们对心灵控制情绪的能力也不乐观，因为在他们看来，心灵除了记录所有发生在身体上或身体内的重要事情外别无他用。

在他们看来，世界是不确定和不可预测的，不仅因为著名的原子的"偏斜"，还因为它每时每刻都在给我们呈现新的格局，大自然也在不断创新。我们对取决于自然和他人行为的外部事件只有部分的控制权。而且，作为灵魂原子与肉体混杂在一起的物质性存在，我们对这些事件的情感反应的控制非常有限。

此外，我们只能部分地控制自己的思想，而且完全受从外部侵入我们心灵的物质性影像诱发的混乱生理反应的支配。伊壁鸠鲁学派并不重视个人在面对烦恼和悲剧时所采取的心理策略，而更重视在一开始就减少陷入情感困境的可能性，这或许是能迅速为我们指明出路的生活策略。

对伊壁鸠鲁学派而言，要想获得宁静，首先要破除可怕的迷信，其次要避免过分苛求的社会习俗。如果不幸依然发生了，或者疾病把我们击倒了，想到痛苦是剧烈却短暂的或是长期却温和的，或许能给我们些许安慰。只要我们还在受苦，我们就还活着；当我们不再活着的时候，我们也就不再受苦。

如果说伊壁鸠鲁道德哲学的优点之一是它允许同情和相互认同，那么它的缺点之一就是其"自私"和对风险的厌恶。再者，不能把伊壁鸠鲁式的自私同利己主义混为一谈。伊壁鸠鲁的训诫反对（在地位和财富上不择手段地）自我扩张。但是，尽管把政治事务留给别人很是诱人，但在现代世界，"离群索居"在道德上异常困难。可以这样说，我们的消费习惯和投票行为会以有害的方式影响他人，把政治事务留给争强好胜和野心勃勃之人，会给我们和他人带来一个越发危险的世界。以家庭生活和爱情非常有可能给人带来失望为由而回避它们真的是明智的吗？

乔治·安斯利（George Ainslie）的论述是近期关于人类动机最有趣的论述之一。他写道，他赞成直接的个人体验的乐趣，但反对宁静的理想境界，无论这种平静是伊壁鸠鲁式的还是斯多葛式的。他观察到：

如果你从人类动机强烈的目标集合中剔除对身体饥渴的纾解，剩下的就只有"诱发"强烈情感的事件。伟大的小说总是关于浪漫的爱情和对家人的爱，对荣耀的渴望和对复仇的决心，支配他人的欢愉和由他人支配的怨恨或满足。[79]

于是他总结道："构成财富较大的一部分或许应该等同于对情感体验的期待。"而这在安斯利看来包含了接受风险，即需要"赌得足够多，输的次数才足够多"[80]。在某种程度上，道德哲学建议我们抑制情感、限制暴露在产生情感的情境中、用确定性取代不确定性，以及用控制取代投身不可预测性。与此同时，他们可能已经错过了人性的重要组成部分。阅读小说的乐趣来自在确保人身安全的条件下的情感和冒险的代入体验，但它并不能完全取代现实体验。

总而言之，伊壁鸠鲁把由坚实物体构成的世界描绘成一幅生动、丰富、充满意义的景象，它建立在其17世纪的反对者所说的只有大小、形状和运动的"原子的随机集合"的基础上，成为后来几代哲学家及其读者的灵感之源和憎恶之物。与之相联系的道德的、政治的和神学的思想激发了形而上学、科学和社会思潮，有时又引起激烈的抵制。

卢克莱修称伊壁鸠鲁主义是一味"苦药"，他希望用诗歌使其变得甜美。他成功地为伊壁鸠鲁主义的救赎力量做出辩护，但没有避免其悲观主义。读完《物性论》的人，会钦佩伊壁鸠鲁主义的自然理论的全面性：不但会赞赏生命、权力和享受的界限，还有自然无限革新和创造的能力，此能力是由自然之原生物质（primordia）的不可摧毁性和不断运动确保的，无论这种原生物质最终变成了什么。

伊壁鸠鲁主义不是宿命论哲学，它强调人的选择和偏好，也强调偶然性，即原子的"偏斜"，在带来挑战和机遇方面的作用，而这些挑战和机遇需要我们的创造力和理性。伊壁鸠鲁主义是古代最富有同情心的伦理体系，它邀请我们享受近在咫尺的快乐：温暖，食物和饮料，适度温和，我们不问缘由地喜欢的人的陪伴，冬去春来的反复出现，绿叶和红花的包围，或者新生命的诞生。

致　谢

　　我要感谢伊娃·费舍尔（Eva Fisher）和耶鲁·韦斯（Yale Weiss），他们阅读了整本书的草稿，并提出了许多修正和改进的意见，同时也要感谢帮我纠正错误的专家们。编辑的建议非常出色，任何遗留的错误和误解完全归咎于我本人。

　　　　　　　　　　　　　　　　凯瑟琳·威尔逊

出版者致谢

我们感谢允许在本书中使用以下拥有版权的资料：

罗杰·D. 马斯特斯和克里斯托弗·凯利编辑，《论不平等起源》（第二篇）、《论战集》和《政治经济学》，达特茅斯学院出版社出版。经允许使用。

出版者和作者在出版前已尽一切努力追踪和联系所有版权所有者。如有任何错误或遗漏，出版者将乐意尽早予以更正。

牛津大学出版社

参考文献

书中引用的伊壁鸠鲁的论述摘录自以下来源：

The Epicurus Reader (ER)，由布拉德·因伍德（Brad Inwood）和L. P. 格森（L. P. Gerson）编辑，附有D. S. 哈钦森（D. S. Hutchinson）的导论（Indianapolis: Hackett, 1994）。

引用的卢克莱修的《物性论》（NT）的内容出自马丁·弗格森·史密斯（Martin Ferguson Smith）的译本（Indianapolis: Hackett, 1994）。

第欧根尼·拉尔修（DL）所著的*Lives of Eminent Philosophers*的希腊英译的勒布版本（tr. R. D. Hicks, Cambridge, MA: Harvard University Press, 1931）广为传播，其中第二卷第十章是关于伊壁鸠鲁的。由W. H. D. 劳斯（W. H. D. Rouse）译，马丁·弗格森·史密斯修订的卢克莱修《物性论》的拉丁英译本

（Cambridge, MA: Harvard University Press, 1992），
属于同一系列。

第一章　导　言

［1］"'这里会有家肉店，'……出现在公共场合"—— 利兹·奥尔德曼Liz Alderman, 'An Epicurean Village Is Too Rich for Some Paris Appetites' （*New York Times*, 9 August 2014）

［2］"现代持有该学说的人……英国攻讦者的揶揄对象"——J. S. 密尔，《功利主义》，*On Liberty and Other Essays*，约翰·格雷（John Gray）主编（Oxford: Oxford World's Classics, 1991），第138页

［3］"……优美的形体所带来的快乐，我不知道如何去想象善"——DL X：第6页

［4］"无与伦比的善良……对祖国的热爱"——DL X：第10页

第二章　原子世界

［5］"想想阳光照射下……蓝色天青石"——NT II：第801~809页

［6］"在平原上静止的泛着明光的水塘"——NT IV：第317~333页

［7］用字母作类比——NT II：第688~699页

［8］对于西塞罗的专著《论神性》中的那些优美段落，特别参见Bk II, Chs XI-LXIV中对斯多葛学派的克吕西波斯观点的陈述*De Natura Deorum and Academica*（tr.H. Rackham，Cambridge, MA: Harvard University Press, 1951）

［9］洛克区分物质的"第一"属性（大小、形状、运动、重量和坚实性），参见约翰·洛克的*An Essay Concerning Human Understanding*（ed. P. H. Nidditch，Oxford: Clarendon Press, 1975，II.viii.9–106）

［10］"钩子和钩眼……结合起来的"——NT VI：第1087~1088页

第三章　知识和理解

〔11〕"人们坚信彗星……'星位不正'"——乔治·约翰逊（George Johnson）, 'Comets Breed Fear, Fascination and Web Sites' （*New York Times*, 28 March 1997）

〔12〕"始终抓住……相似的事物"——ER：第24页

〔13〕"我们的地面和天空……疾病产生"——NT VI：第663~664页

〔14〕"因为……构成它们的原子的形状也不同"——NT VI：第775~776页

〔15〕"提供唯一解释的方法……无法理解的东西"——ER：第21页

〔16〕"人的知识和人的力量合二为一"——培根，《培根随笔》（ed. J. Spedding, R. L. Ellis, and D. D. Heath, 15 vols，Boston: Houghton Mifflin, c.1900 VIII: 67）

第四章　生存、爱、死亡

[17]"风和温热的种子……离开血管和骨头"——NT III：第120～129页

[18]"我们都源自天……繁殖同类"——NT II：第991～997页

[19]"生物不可能从天上掉下来……咸水海湾里钻出来"——NT V：第793～794页

[20]"古老的伊壁鸠鲁假说……是迄今为止被提出的最荒谬的体系"，"这种假说是否连一丝微弱的可能性都没有"和"数量有限的粒子……无数次"——大卫·休谟著，加斯金（J. C. A. Gaskin）主编的《自然宗教对话录》和《宗教的自然史》（Oxford: Oxford University Press, 2008，第84～85页）

[21]在性交过程中，男性和女性的精液混合在一起——NT IV：第1210～1232页

[22]"维纳斯（Venus），你是生命的力量……促使它们繁衍同类"——NT I：第7～20页

[23]"与其（被未满足的淫欲）燃烧，不如结婚"——《哥林多前书7：9》

〔24〕"可见的物体……从一只手传递到另一只手"——NT I：第261～264页，NT II：第75～79页

〔25〕"这就像一种葡萄酒……消散在空气中"——NT III：第221～222页

第五章 物质性的心灵

〔26〕"野兽的交配和出生"——NT III：第776页

〔27〕心灵需要一个动物的身体——NT III：第784～790页

〔28〕"非常小的种子……在血管、肌肉和肌腱中形成了一个链条"——NT III：第216～218页

〔29〕"在失声大笑时颤抖或哆嗦……完全没有感觉的种子组成的"——NT II：第986～990页

〔30〕"联结和组合"——NT II：第941页

〔31〕"不断地从物体表面溢出"——DL X：第48页

〔32〕"轮廓……单一的连续的事物"——ER：第9页

〔33〕"橘黄色的、赤褐色的和紫色的"——NT Ⅳ：第75~80页

〔34〕"事物无数微小的影像……漫游着"——NT Ⅳ：第724~726页

〔35〕"我们幻想自己……徒步穿越平原"——NT Ⅳ：第459~460页

〔36〕我们需要理解我们的词汇所代表的含义——ER：第6页

〔37〕名称是给那些具有某种特定外形或特征样貌的事物的——ER：第42页

〔38〕"一些来自推理的帮助"——DL Ⅹ：第32页

〔39〕方塔从远处看是圆形的——NT Ⅳ：第353~359页

〔40〕错误不在于感官，而在于"心灵的推理"——NT Ⅳ：第383~384页

〔41〕"我们对真理的认识最终源自感官"——NT Ⅳ：第479~480页

〔42〕推理不能与感觉相矛盾——DL Ⅹ：第32页

〔43〕"如果你不准备信任感官……生活本身

会立刻崩溃"——NT IV：第507～508页

[44] 疯子的妄想和酣睡者的梦——DL X：第32页

[45] "在空中飞舞的微小影像"——勒内·笛卡儿，《笛卡儿哲学作品集》第2卷《光学》，J. 科廷汉姆（J. Cottingham）、R. 斯托索夫（R. Stoothoff）和D. 默多克（D. Murdoch）译（Cambridge: Cambridge University Press,1984–5）

第六章　宗教和迷信

[46] "是因为大自然本身……人的心灵中"——西塞罗，《论神性》，I: XVI，第45页

[47] 所有被赋予了我们所知道的理性和目的的心灵都具身化在了人类身上——西塞罗，《论神性》，I：第31页,第84页

[48] 但这看起来不是伊壁鸠鲁的原意——ER：第52～53页

[49] "第一个敢于抬起凡人的双眼挑战宗教的人……迷信的重压下被碾碎"——NT I：第62～63页

〔50〕"凡人的心灵……更是如此"——NT V：第1170～1172页

〔51〕"天体有秩序地运行和一年四季有规律地轮回交替"——NT V：第1183～1186页

〔52〕"啊，可怜的人类……什么样的眼泪"——NT V：第1194～1199页

〔53〕"对神灵或其神圣力量的崇拜都没有多大意义"——NT VI：第1275页〔54〕"总有一天……也没有能力去抗拒"——NT I：第102～111页〔55〕"把对自然原因的无知……莫名其妙的观点而彼此憎恨和折磨"——霍尔巴赫，《健全的思想》（1772）序言，L. 斯图尔特（L Stewart）译（London：1900）

〔56〕"原子偶然聚合"——西塞罗，《论神性》II：XXXVII；第93页

〔57〕"所有事物……宇宙就是这些组合的集合"——霍尔巴赫，《健全的思想》，安娜·诺普（Anna Knoop）译（Amherst, NY:Prometheus，2004，第38页）

〔58〕"一桩罪恶里一位令人悲伤和无辜的受害

者"——NT I：第101～102页

［59］"这些十恶不赦的行为会催生迷信"——
NT I：第101页

第七章　政治和社会

［60］"男性通常在技能和才华上要比女性优越
得多"——NT V：第1356～1357页

［61］"不知道拥有的限度"——NT V：第
1423～1424页

［62］"黄金和权力……用忧虑荼毒人们的
生活，用战争疲乏人们的身心"——NT V：第
1412～1432页

［63］［64］"不停地搬家、流汗、做苦力……
艰苦的营生"和"在洗劫一个城镇时所犯下的暴
行……还要多"——卢梭，《论不平等的起源》
［《卢梭文集》，第13卷，罗杰·马斯特（Roger D.
Masters）和克里斯托弗·凯利（Christopher Kelly）
合编，朱迪丝·R. 布什（Judith R. Bush）、罗
杰·马斯特（Roger D. Masters）、克里斯托弗·凯

利（Christopher Kelly）、特伦斯·马歇尔（Terence Marshall）和艾伦·布鲁姆（Allan Bloom）合译，Hanover and London: University Press of New England, 1990–2010，第78页〕

第八章　伊壁鸠鲁主义的伦理学

〔65〕"一切好与坏都存在于感官体验中"——ER：第29页

〔66〕身心都屈从于"老化的压力和张力"——NT III：第458页

〔67〕"不是纵饮狂欢……幸福生活"——ER：第31页

〔68〕"给每次选择和逃避都寻找借口"——ER：第30页

〔69〕"时间久了，水滴石穿"——NT IV：第1286～1287页

〔70〕"神圣的快乐召唤"——NT II：第173页

〔71〕"维纳斯芬芳的蜜汁，它首先被滴入我们的心田，之后令人不寒而栗的忧虑就接踵而至"——

NT IV：第1059～1060页

［72］"暧昧之词"……"一丝笑意"——NT
IV：第1137～1141页

［73］"即便没有她我们也生活到了现在"——
NT IV：第1173～1174页

［74］不爱的"随意游荡"的"维纳斯"——
NT IV：第1072页

［75］"当我们存在……我们已不存在了"——
DL X：第125页

［76］"自然将人类置于……决定我们应该做
什么"——边沁，《道德与立法原理导论》（New
York: Dover, 2007，第1页）

［77］我们对曾经享受过的美好事物的回忆可以
安慰眼下对这些事物的缺失——ER：第101页

第九章 伊壁鸠鲁主义的遗产

［78］"智慧……纯粹感觉"——J. S. 密尔，
《功利主义》，罗杰·克里斯普（Roger Crisp）主编
（Oxford: Oxford University Press, 1998，第17页）

［79］如果你从人类动机强烈的目标集合中剔除对身体饥渴的纾解……支配他人的欢愉和由他人支配的怨恨或满足——乔治·安斯利（George Ainslie），'Uncertainty as Wealth'，［*Behavioural Processes*, 64(3) (2003), pp. 369–85: 371］

［80］"赌得足够多，输的次数才足够多"——乔治·安斯利，'Uncertainty as Wealth'第381页

推荐阅读

关于伊壁鸠鲁主义的一般概述可见霍华德·琼斯（Howard Jones）的 *The Epicurean Tradition*（London: Routledge, 1989）；大卫·康斯坦（David Konstan）的 *A Life Worthy of the Gods: The Materialist Psychology of Epicurus*（Las Vegas: Parmenides Publishing, 2008）。大卫·塞德利（David Sedley）在 *Lucretius and the Transmission of Greek Wisdom*（Cambridge: Cambridge University Press, 1998）一书中讨论了卢克莱修对伊壁鸠鲁作品的改造，迪辛·克莱（Diskin Clay）在 *Lucretius and Epicurus*（Ithaca, NY: Cornell University Press, 1983）中讨论了相同的主题；由内文·莱迪（Neven Leddy）和阿维·S. 利夫希茨（Avi S. Lifschitz）共同编辑的 *Epicurus in the Enlightenment*（Oxford: Voltaire Foundation, 2009）呈现了18世纪有

关伊壁鸠鲁主义的散文集。有关卢克莱修的影响，请参阅斯蒂芬·格林布拉特（Stephen Greenblatt）的*The Swerve*（New York: Norton, 2011）；艾莉森·布朗（Alison Brown）的*The Return of Lucretius to Renaissance Florence*（Cambridge, MA: Harvard University Press, 2010）；凯瑟琳·威尔逊（Catherine Wilson）的*Epicureanism at the Origins of Modernity*（Oxford: Clarendon Press, 2008）。

关于伊壁鸠鲁学派和卢克莱修的特定主题以及两位哲学家的社会和政治背景，我们强烈推荐两本选自"剑桥大学出版社文学评论"系列的作品：由詹姆斯·沃伦（James Warren）编辑的*The Cambridge Companion to Epicurus*（2009年），由斯图尔特·吉莱斯皮（Stuart Gillespie）和菲利普·哈迪（Philip Hardie）编辑的*The Cambridge Companion to Lucretius*（2007年）。伊丽莎白·阿斯米（Elizabeth Asmis）在'Lucretius'New World Order: Making a Pact with Nature'（*The Classical Quarterly*，58卷，2008年，第141~157页）中将伊壁鸠鲁主义物理学与伦理学联系起来，并强调了"界限"这一重要概念。本杰明·法林顿（Benjamin Farrington）发表了一篇引人入胜但又颇具争议的文章——'The Gods of Epicurus and the Roman State'（*The Modern Quarterly*，1938年第1期，第214~232页），他认为伊壁鸠鲁主义是一种具有政治颠覆性的大众哲学。玛莎·努斯鲍姆（Martha Nussbaum）在'Therapeutic Arguments: Epicurus and Aristotle'［*The Norms of Nature*，M. 斯科菲尔德（M. Schofield）和G. 斯劳特（G. Striker）主编，Cambridge: Cambridge University Press, 2007，第31~74页］中讨论了哲学争论作为困惑者的向导和苦恼者的帮手所发挥的作用。

有关特定的主题，建议阅读如下作品：

关于原子论：戴维·J. 弗莱（David J. Furley）的*The Greek Cosmologists*（Cambridge: Cambridge University Press, 2006）；蒙特·约翰逊（Monte Johnson）和凯瑟琳·威尔逊的'Lucretius and the History of Science'（*The Cambridge Companion to Lucretius*，第131~148页）。关于当代物理学中的粒子（和场），参见约翰·波金霍恩（John Polkinghorne）的*Quantum Theory: A Very Short*

Introduction（Oxford: Oxford University Press, 2002）和弗兰克·克洛泽（Frank Close）的*Particle Physics: A Very Short Introduction*（Oxford: Oxford University Press, 2004）。

关于物质性的心灵：斯蒂芬·埃弗森（Stephen Everson）的'Epicurean Psychology'（*The Cambridge History of Hellenistic Philosophy*, ed. Keimpe Algra, Jonathan Barnes, Jaap Mansfeld, and Malcolm Schofield，Cambridge: Cambridge University Press, 2005，第542~559页）。

关于宗教与迷信：本杰明·法林顿的*The Faith of Epicurus*（London: Weidenfeld and Nicolson, 1967）；大卫·塞德利的*Creationism and its Ancient Critics*（Berkeley and Los Angeles: University of California Press, 2008）。关于宗教作为一种心理现象的最新研究，参见帕斯卡尔·博耶（Pascal Boyer）的*Religion Explained: The Human Instincts that Fashion Gods, Spirits and Ancestors*（New York: Vintage, 2002）；斯科特·阿特兰（Scott Atran）的*In Gods We Trust: The Evolutionary Landscape of Religion*（Oxford: Oxford

University Press, 2004）。

关于快乐：朱莉亚·安那斯（Julia Annas）的 'Epicurus on Pleasure and Happiness'（*Philosophical Topics*，第15卷，1987年，第5～21页）；D. J. 格里登（D. J. Glidden）的 'Epicurus and the Pleasure Principle'［*The Greeks and the Good Life*，D. J. 德普（D. J. DePew）主编，Indianapolis: Hackett, 1980，第177～197页］；丹尼尔·卡尼曼（Daniel Kahneman）的 *Well-Being: the Foundations of Hedonic Psychology*（New York: Russell Sage Foundation, 2003）和W. J. 弗里曼（W. J. Freeman）的 'Happiness doesn't Come in Bottles'（*Journal of Consciousness Studies*，1997年第4期，第67～70页）。

关于伦理理论：菲利普·J. 米提斯（Philip J. Mitsis）的 *Epicurus' Ethical Theory*（Ithaca, NY: Cornell University Press, 1988）；苏珊娜·博布森（Suzanne Bobzien）的 'Did Epicurus Discover the Free-will Problem?'［*Oxford Studies in Ancient Philosophy*，19（2000）年，第287～337页］。

关于感知与知识：伊丽莎白·阿斯米的

'Epicurean Epistemology' (*The Cambridge History of Hellenistic Philosophy*，第260～294页）；C. C. W. 泰勒（C. C. W. Taylor）的 'All Perceptions are True' (*Doubt and Dogmatism*，ed. M. Schofield, M. F. Burnyeat, and J. Barnes，Oxford: Oxford University Press, 1980，第105～124页）。

关于爱情和婚姻：泰德·布伦南（Tad Brennan）的 'Epicurus on Sex, Marriage and Children' (*Classical Philology*，1996年第91期，第346～352页）；威廉·菲茨杰拉德（William Fitzgerald）的 'Lucretius' Cure for Love in the "De Rerum Natura" ' ［*The Classical World*，1978（1984）年，第73～86页］。

关于死亡：詹姆斯·沃伦的*Facing Death: Epicurus and his Critics*（Oxford: Clarendon, 2004）；斯蒂芬·罗森鲍姆（Stephen Rosenbaum）的 'How to be Dead and not Care: A Defense of Epicurus' (*American Philosophical Quarterly*，1986年第23期，第217～225页）；托马斯·内格尔（Thomas Nagel）的 'Death' (*in Mortal Questions*，Cambridge: Cambridge University Press, 1979，第1～10页）。

关于伊壁鸠鲁学派和斯多葛学派：戴维·弗莱（David Furley）的'Lucretius and the Stoics'（*Bulletin of the Institute of Classical Studies*，1966年第17期，第183～205页）。

马上扫二维码，关注"**熊猫君**"

和千万读者一起成长吧！

图书在版编目（CIP）数据

牛津通识课. 快乐的本质 / (英) 凯瑟琳·威尔逊著;
杨有栋译. -- 上海：东方出版中心, 2021.1
　　ISBN 978-7-5473-1772-3

　　Ⅰ.①牛… Ⅱ.①凯… ②杨… Ⅲ.①科学知识-普
及读物②伊壁鸠鲁派-通俗读物 Ⅳ.①Z228
②B502.31-49

中国版本图书馆CIP数据核字（2021）第014999号

上海市版权局著作权合同登记：图字09-2020-1022号

Epicureanism: A Very Short Introduction
Copyright: ©Catherine Wilson 2015
Epicureanism: A Very Short Introduction was originally published in
English in 2015. This translation is published by arrangement with Oxford
University Press. Dook Media Group Limited is solely responsible for this
translation from the original work and Oxford University Press shall have
no liability for any errors, omissions or inaccuracies or ambiguities in such
translation or for any losses caused by reliance thereon.

中文版权：©2021 读客文化股份有限公司

牛津通识课：快乐的本质

著　　者　[英] 凯瑟琳·威尔逊
译　　者　杨有栋
责任编辑　江彦懿
特邀编辑　高照寒　　赵芳葳
封面设计　温海英　　王　晓

出版发行　东方出版中心
地　　址　上海市仙霞路345号
邮政编码　200336
电　　话　021-62417400
印 刷 者　北京中科印刷有限公司

开　　本　787mm x 1092mm　1/32
印　　张　7
字　　数　98千字
版　　次　2021年5月第1版
印　　次　2021年5月第1次印刷
定　　价　32.00元